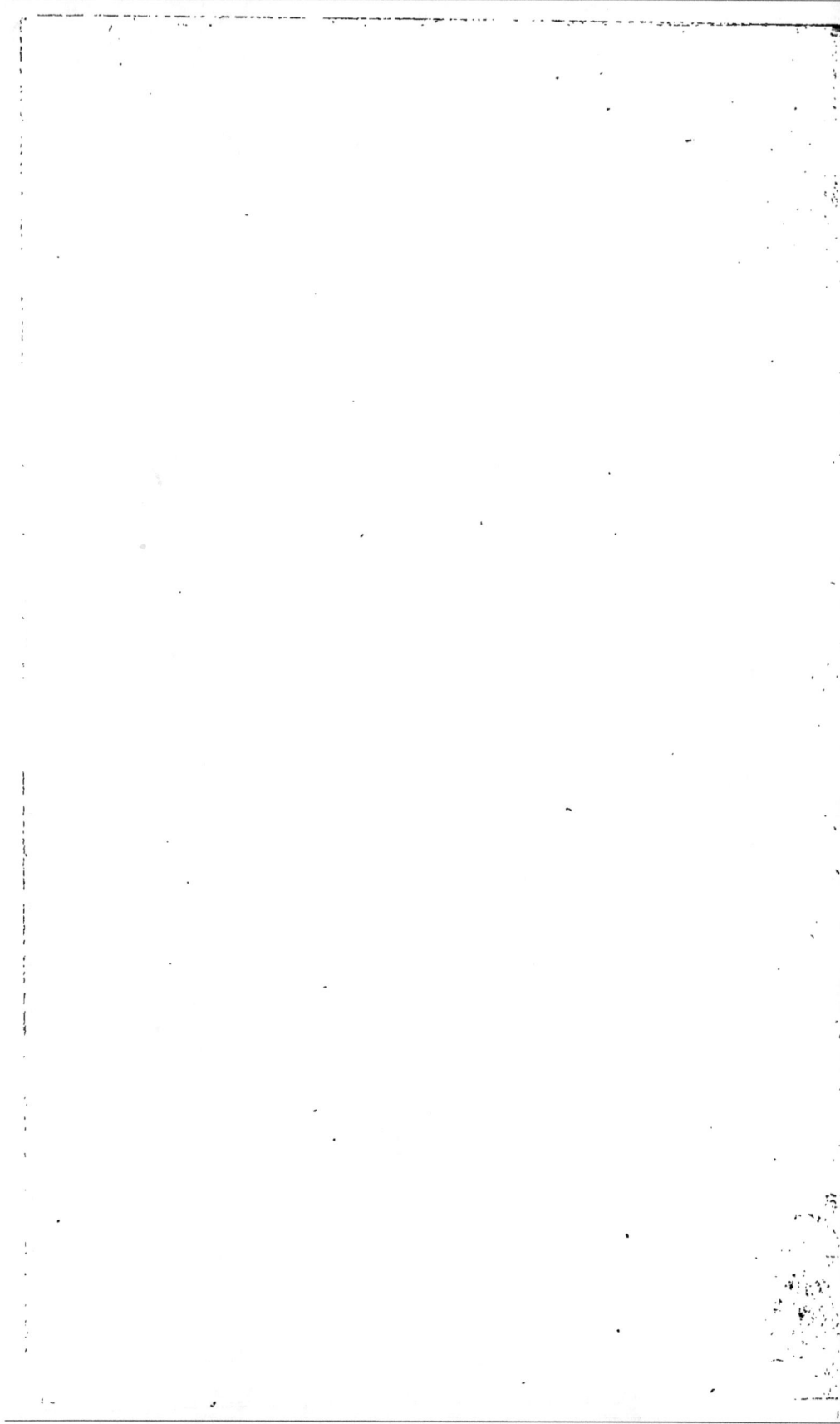

BERGUILLE

ou

L'EXTATIQUE DE FONTET

Apparitions accompagnées de divers prodiges

PAR

L'ABBÉ BARRÈRE

CHANOINE HONORAIRE D'AGEN, CORRESPONDANT DE PLUSIEURS
SOCIÉTÉS SAVANTES

*Nisi signa et prodigia videritis,
non creditis* (Jean. IV. 48).
*Fecitque signa atque prodigia
magna* (Deut. VI 22).

Prix : 1 fr. — Par la poste, 1 fr. 15.

AGEN | AGEN
ACHE CHAIROU, *libraire* | ANDRÉ ROCHE, *libraire*
Rue Garonne. | 29, Rue Porteneuve.

PARIS | BORDEAUX
ENAULT ET VIC, *libraires* | V. CODERC, *libraire*
Rue Cassette, 23. | 23, Rue du Pas St-Georges.

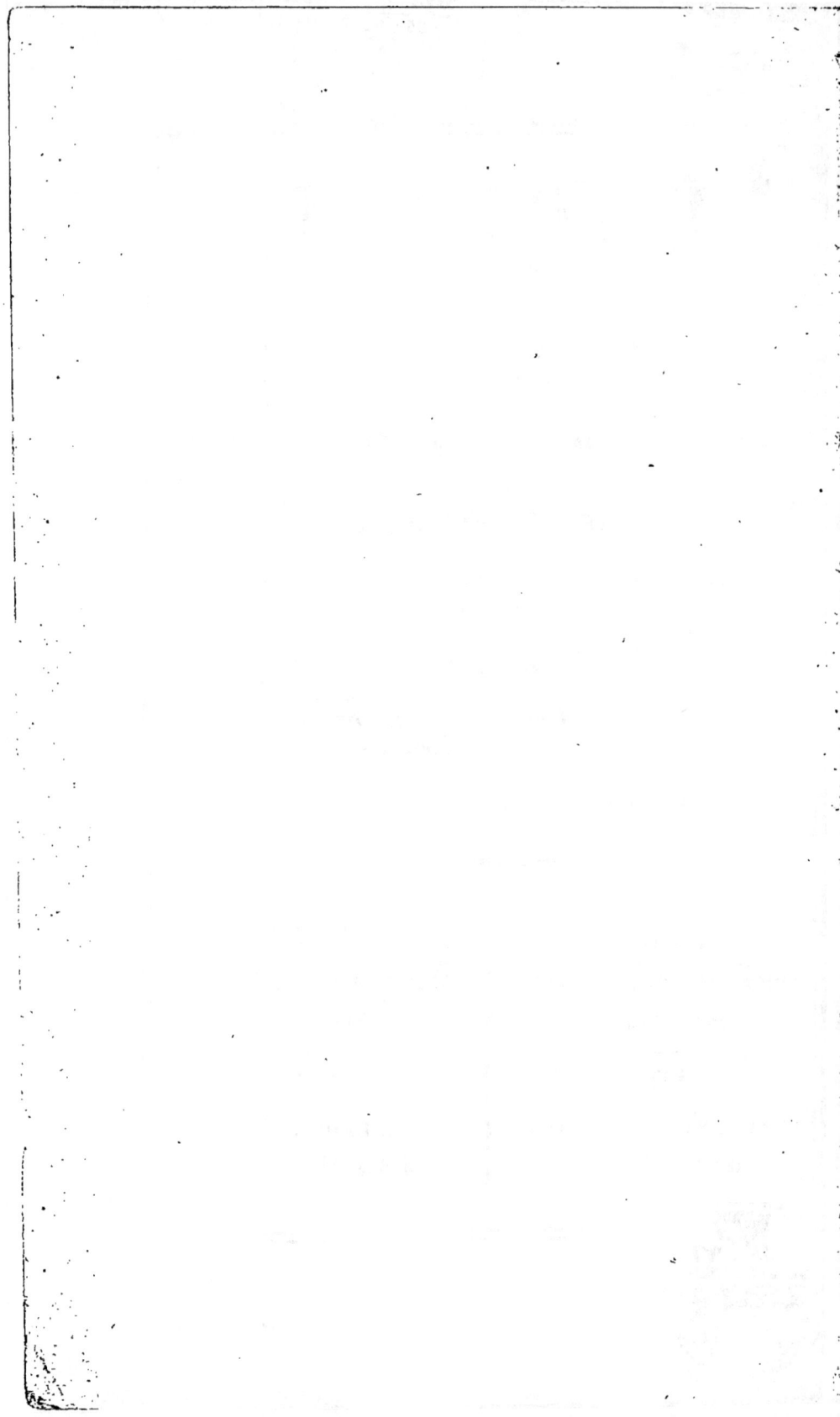

BERGUILLE

OU

L'EXTATIQUE DE FONTET

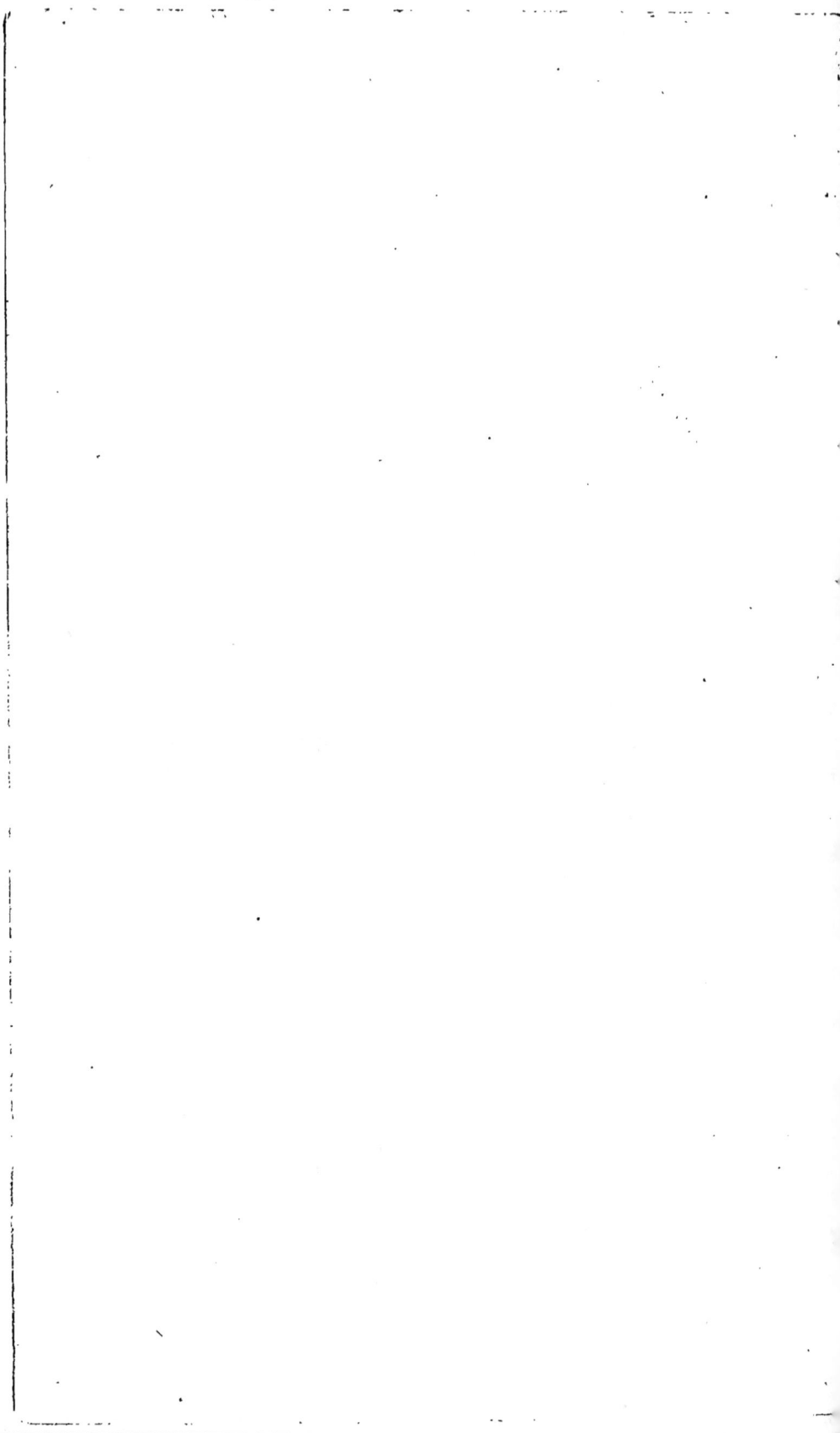

BERGUILLE

OU

L'EXTATIQUE DE FONTET

Apparitions accompagnées de divers prodiges

PAR

L'ABBÉ BARRÈRE

CHANOINE HONORAIRE D'AGEN, CORRESPONDANT DE PLUSIEURS
SOCIÉTÉS SAVANTES

Nisi signa et prodigia videritis,
non creditis (Joan. IV. 48).
Fecitque signa atque prodigia
magna (Deut. VI. 22).

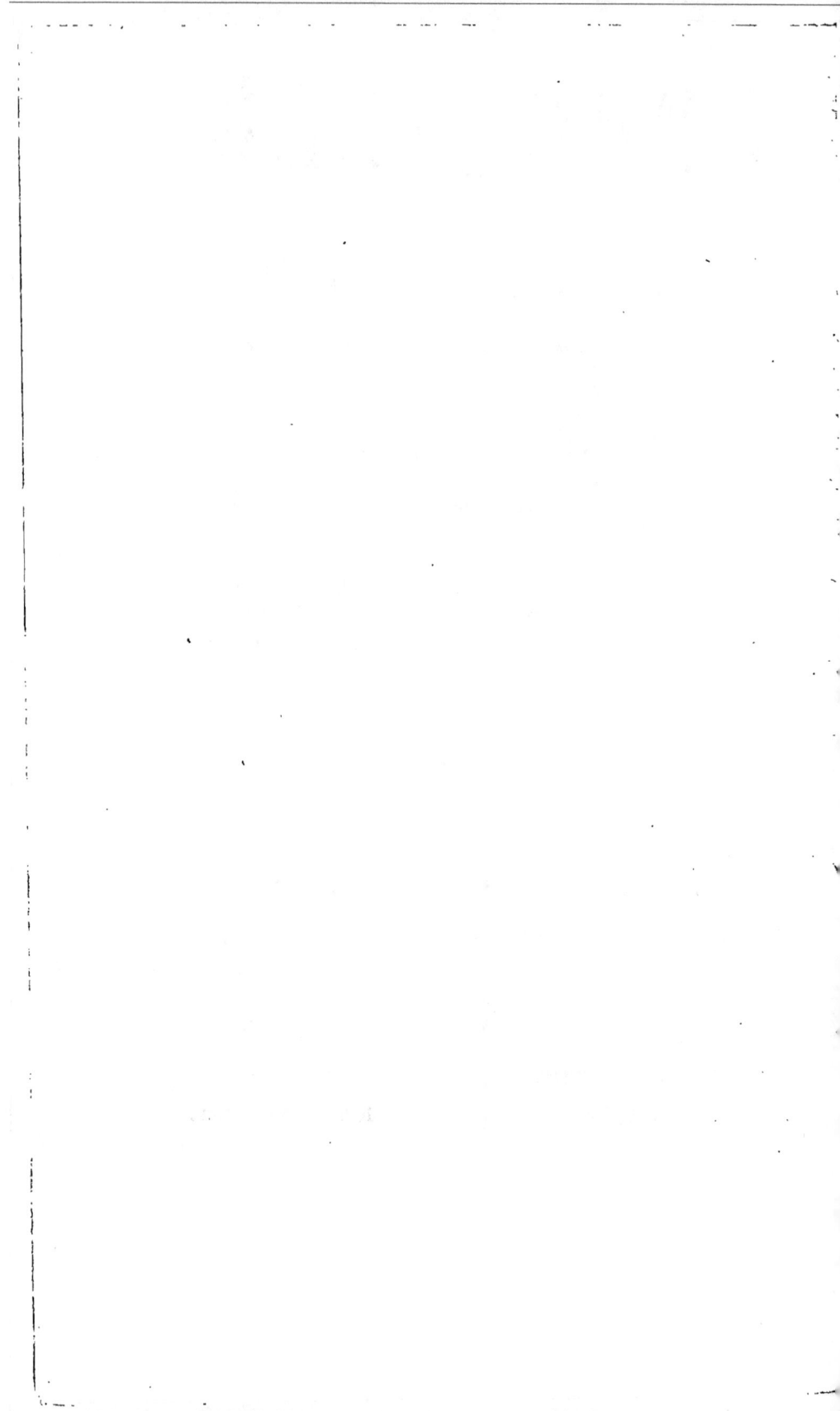

AVANT-PROPOS

La question de Fontet, qui avait tant passionné les esprits avant la fin de l'année dernière, avait paru someiller en l'absence du grand événement prédit par Berguille. Ce résultat négatif, il faut le reconnaître, fut un grave échec, une déception pour les tenants des merveilleuses apparitions ; pour les adversaires, une arme puissante. Pour ma part, je fus déconcerté le premier janvier ; mais le lendemain, je repris tout mon espoir : je venais d'apprendre le voyage de Berguille à Paris, et quelques particularités intéressantes de ce voyage.

Le surnaturel est indiscutable à Fontet. Il en coûte beaucoup à certains médecins de l'avouer ; mais ce côté de la question les intéresse fort peu. Pour les théologiens, leur rôle est de discuter la nature de ce surnaturel. Est-il divin, est-il diabolique ? Tant que l'Eglise n'a pas prononcé, le champ reste libre à la discussion. Je suis invité à y prendre part, à faire connaître mon sentiment : je ne faillirai pas à cette mission.

La première question que je me suis posée est celle-ci : Si le démon est l'auteur des manifestations de Fontet, il avait beau jeu le premier janvier 1875. Il n'avait qu'à suspendre ses apparitions, à abandonner à elle-même la prétendue Voyante, et la mystification était complète. Il n'en fut pas ainsi. Les apparitions continuèrent à la ferme privilégiée, et ne tardèrent pas à prendre un caractère beaucoup plus grave. En effet, non-seulement Berguille reçut la défense d'ouvrir sa porte aux visiteurs, le vendredi, mais encore de parler de ses apparitions, et surtout des révélations qu'elles pouvaient contenir.

Mais Dieu, dont les desseins sont insondables, trouva le secret de faire parler l'extatique sans la moindre désobéissance. A partir du jour de saint Joseph, 19 mars, Berguille parle et fait des révélations durant ses extases, alors qu'elle n'a plus la conscience de ce qui se passe autour d'elle. Elle ne parle pas inutilement ; le jeune et pieux Laclavetine est autorisé à recueillir ses paroles. D'un autre côté, ne voulant pas entraver d'une manière absolue la divulgation de ces manifestations, l'archevêché de Bordeaux donne assez souvent des autorisations particulières à ceux qui ont quelques motifs sérieux d'en être les témoins.

J'ai eu plusieurs fois cette insigne faveur. J'ai sérieusement étudié cette question, et de cette étude approfondie, il est résulté pour moi la conviction intime du surnaturel divin des apparitions de Fontet. C'est une opinion purement personnelle : elle n'engage que ma responsabilité. Si je me trompe, on saura du moins les motifs que j'avais de croire, et loin de me retrancher derrière ma bonne foi assez connue, j'affirme que ces motifs étaient d'une extrême gravité : on les jugera. Si je suis dans le vrai, j'aurai la consolation d'avoir travaillé à l'œuvre de Dieu et à la glorification de la divine Vierge. Dans l'un et l'autre cas, j'ai la conscience tranquille ; mais, dans le dernier, je suis couvert de confusion, et je me demande par quels secrets desseins providentiels j'ai été choisi parmi tant de prêtres non moins pieux que savants, pour publier les gloires de Fontet ?

Je fais ma profession de foi à l'ouverture de cet opuscule, pour être moins gêné dans mes récits. Pour le moment, je me contenterai de les accompagner de quelques réflexions, laissant à chacun le soin de les interpréter à sa manière.

M. de Portets a surabondamment fait connaître les diverses péripéties des extases de la Voyante. Il a rapporté, malgré leur répétition, toutes les paroles prononcées durant les extases. Ces paroles, d'ailleurs fort remarquables, sortant de la bouche d'une humble paysanne, ne donnent cependant qu'une bien faible idée de ce qui se passe à Fontet, et leur signifiation est souvent incompréhensible. On en sera convaincu lorsque, parmi les extases auxquelles il m'a été donné d'assister, je ferai connaître celle qui dura quatre jours entiers. Je m'attacherai donc principalement à raconter les prodiges qui sont venus d'une façon si merveilleuse consacrer ces glorieuses manifestations.

Les diverses brochures qui ont été publiées pour ou contre ces mêmes manifestations ont fait une très-courte biographie de la Voyante. J'en dirai aussi quelques mots. Marie Josseaume, née Bergadieu, est connue dans le pays sous le nom de Berguille. Elle a eu trois enfants et il ne lui reste que deux fils, âgés, l'un de vingt ans, l'autre de seize. Elle-même en a quarante-cinq. Avec elle habite sa nièce, veuve, vulgairement appelée Tapiotte, et une jeune fille de cette dernière, du nom d'Hermance.

La ferme ou métairie qu'ils exploitent dans la commune de Fontet, au quartier appelé Lasserre, non loin de la Réole, appartient à M. Pardiac et à son gendre, M. Sarrasin.

Berguille a toujours été d'un caractère et de mœurs irréprochables, d'une piété sincère, et sans la moindre exaltation, s'occu-

pant avant tout de son ménage et des travaux des champs. Elle est assez connue dans
la contrée, et ce train de vie, elle le mène
encore. D'une modestie et d'une charité sans
borne, on comprend bien vite que si elle se
trompe, elle est incapable de vouloir tromper. Si vous la rencontrez aux travaux des
champs ou aux occupations de son ménage,
certainement vous vous demanderez si c'est
bien là cette paysanne tant favorisée du Ciel,
objet de tant et de si étonnants prodiges ?

Ai-je besoin de dire ici que quand je parlerai de prodiges, et même de miracles ou
de miraculés, je me garderais bien d'aller à
l'encontre du concile de Trente, et de présenter ces faits comme des dogmes de foi.
Quand je me trouverai en présence de certains actes qui me paraîtront excéder les lois
invariables de la nature, j'en parlerai
comme d'un acte de raison. Le fait existe-t-il ?
la science peut-elle l'expliquer ? Chacun aura
la liberté de chercher des explications dans le
domaine de la science ou de la nature. Mais,
chose singulière, ici comme à Bois-d'Haine,
à Dulmen ou ailleurs, les positivistes, qui
invoquent sans cesse la science expérimen-
tale, se refusent à rien voir, à rien examiner
du surnaturel, qu'ils rejettent toujours *à
priori*. Cette négation presque générale de-
vient de plus en plus désolante, et contriste
péniblement les âmes droites et craignant
Dieu.

Un jour, me remerciant de mes premiers travaux sur la Voyante de Fontet, M. l'abbé Gervais, vicaire général de Bordeaux, laissait échapper de son cœur de prêtre ce cri de foi et de désolation : « Nous n'avons jamais eu tant besoin de voir le surnaturel faire explosion partout, puisqu'on le nie partout. Le miracle, le miracle éclatant semble le seul moyen laissé aux mains de Dieu pour protéger l'héritage de son fils. Qui donc pourrait se scandaliser s'il plaisait à Dieu de faire éclater sa puissance par une pauvre femme ? »

J'espère qu'un jour il me sera donné de publier tout ce que j'ai pu recueillir sur cet important sujet. Je n'en donne aujourd'hui qu'une bien faible part, mais c'est la plus importante. Le moment prévu par M. l'abbé Gervais, il m'avait semblé l'entrevoir à travers les nouveaux phénomènes qui brillent d'un si vif éclat. J'avais bien l'intention de les publier, mais j'hésitais. Aujourd'hui toute hésitation a disparu, et je ne crois pas commettre une indiscrétion en publiant la lettre qui m'invite à les faire connaître. Elle sera d'ailleurs la meilleure réponse à ceux qui ont beaucoup trop parlé de l'indifférence prétendue de l'archevêché de Bordeaux pour la question de Fontet.

ARCHEVÊCHÉ

de

BORDEAUX

—

Bordeaux, le 27 octobre 1875.

Monsieur le Chanoine,

M. l'abbé Gervais m'a communiqué votre lettre, sachant tout l'intérêt que je portais aux événements de Fontet. Je suis d'avis que vous écriviez vos Mémoires (1). C'est une bonne œuvre à faire. Nous cherchons tous la vérité de bonne foi ; nous voulons la voir se manifester.

Un rapport fidèle de ce qu'on a vu n'est pas une décision. D'ailleurs ces rapports, contrôlés les uns par les autres, et faits par des personnes sincères, jettent sur les faits une vraie clarté. Soyez donc assez bon pour faire le narré des faits. Plus tard, les conclusions viendront : *Veuillez ne pas nous priver des vôtres.*

Veuillez agréer, Monsieur l'abbé, l'assurance de mes sentiments dévoués en N. S.

MARTIAL, vic. gén.

(1) Il s'agit d'une publication.

I

Pourquoi le principal évènement prédit, l'avènement d'Henri V, ne s'est-il pas accompli au temps fixé ?

Les derniers prodiges survenus à Fontet me donnèrent l'idée d'y aller le 19 octobre, et j'y passai quelques jours pour me rendre compte par moi-même des faits merveilleux que j'entendais raconter. Mon premier soin fut d'aller faire une visite à M. Lussac, curé de Blagnac, qui venait tout récemment de remplacer M. le curé de Fontet dans la direction spirituelle de l'extatique. Je trouvai en lui ce qu'on peut appeler le type du bon curé, et un remarquable bon sens. La conversation ne tarda pas à s'engager sur le point principal, et à ma première question, il répondit avec une réserve qui trahissait plus de prudence que de conviction : « Il y a des arguments en faveur de Berguille, mais il y en a beaucoup de contraires. — Je connais beaucoup mieux les premiers que les derniers ; voudriez-vous bien me faire connaître ceux-ci ? — Mais tout le monde les connaît. Le grand évènement prédit par Berguille ne s'est pas accompli. Et puis, ces prétendues communions?

La discussion s'engagea sur cette dernière objection, et il sourit quand je lui parlai de la façon dont quelques-uns traitaient les communions analogues de Pàlma d'Oria. D'un autre côté, M. de Portets ayant déjà répondu à cette objection, et la bonne foi de Berguille étant indiscutable, la supercherie était écartée. Je n'oublierai jamais avec quel calme et quel sentiment d'honnêteté, le vendredi 30 juillet, quelques minutes avant l'extase, elle répondit à M. le curé de Fontet, lui demandant si elle communiait véritablement, et s'il n'y avait pas un peu de fraude : « Oh! Monsieur le curé, pourriez-vous croire une chose pareille ! »

Restait l'objection de la grande prédiction non accomplie. Celle-ci est plus sérieuse, lui dis-je; mais l'ayant averti que je me disposais à la résoudre bientôt, je me contentai de lui dire que la solution tenait au grand problème théologique de l'accord de la liberté de l'homme avec la prescience divine. Nous nous séparâmes là-dessus, et il daigna gracieusement m'accorder l'autorisation d'assister avec lui à l'extase prochaine. Il en fut très-frappé, et reconnut avec moi qu'il fallait voir ces choses pour les comprendre, et que les récits les plus véridiques n'en pouvaient donner qu'une connaissance bien imparfaite. Revenons à la question théologique.

Le 2 janvier 1875, un polonais dont je parlerai dans le courant de cette brochure, Stanislas Abramowicz, qui avait tant de raison d'être dévoué à Fontet, écrivait au jeune Laclavetine qu'il n'arguait pas du non accomplissement des événements prédits contre la divinité des apparitions. Il ajoutait : « Il faut être théologien et au courant de ce qui s'y est passé pour décider la question. »

Quelques jours après, le 19 janvier, je recevais moi-même une lettre de Fontet, m'annonçant que la Sainte-Vierge avait expliqué à Berguille comment elle s'était trompée. Elle lui avait dit : « Si j'avais parlé à une personne instruite, elle ne se serait pas trompée. Mais ce n'est pas votre faute. On aurait dû (je me sers de ce pronom indéfini par respect des convenances), on aurait dû vous éclairer sur le sens de mes paroles, » ajoutant qu'elle avait permis tout cela pour l'éprouver.

« Berguille m'aurait donné d'autres explications, ajoutait mon correspondant, mais sur ces entrefaites la défense est venue lui fermer la bouche. » Ces paroles m'avaient vivement intrigué, mais je respectais le silence auquel Berguille était condamnée, et j'étais loin de le blâmer. Plus tard, la Voyante ayant un peu plus de liberté, avait perdu le souvenir d'un mot essentiel, que d'ailleurs elle n'avait pas compris. L'épreuve fut d'autant plus sensible pour elle, que souvent elle était vivement pressée d'expliquer ce point essentiel, sous peine de se voir accusée de mensonge et de fourberie. La solution étant hors de sa portée, elle gardait le silence et se résignait aux soupçons les plus injurieux. C'était l'épreuve.

Mais comment se fait-il, a-t-on dit plusieurs fois, que si Berguille a des révélations du Ciel, la Vierge l'ait toujours laissée dans cette ignorance ? Ce n'est pas à nous à demander compte de sa conduite à la Reine des anges. Il doit nous suffire de savoir qu'elle a permis l'erreur de la Voyante pour l'éprouver. Mais qu'on se rassure ; Berguille ne souffre plus de ce côté là : son épreuve est finie.

Comme le disait avec beaucoup de bon sens le polonais Abramowicz, c'est à la théologie à nous donner la solution du problême. La solution que j'avais fait entrevoir dans ma correspondance était-elle la vraie ? Fallait-il la chercher dans l'accord de la liberté de l'homme avec la prescience divine ? Je n'en pouvais douter après le voyage de Berguille à Paris. Enfin dans ma dernière course à Fontet, bien certain que je pourrais faire de la peine à l'extatique, mais rassuré par la pureté de mes intentions, je la suppliai d'excuser mes questions importunes. J'étais sûr d'avance de sa charité ; elle m'écouta avec recueillement, mais non sans éprouver une véritable difficulté, la solution lui échappant toujours. Dans l'espérance de venir à son aide, et comme si j'avais été en présence d'un théologien, je me hasardai à lui demander s'il ne s'agirait pas ici de l'accord de la liberté de l'homme.....

Elle ne me laisse pas terminer ma phrase. Son regard vient de s'illuminer, et elle me dit: « Ah ! Monsieur l'abbé, vous me rappelez un

mot que j'avais complètement oublié. La Sainte
Vierge ne m'a jamais dit qu'Henri V arriverait
en 1874 ; mais je croyais que ce qu'elle me
disait, c'était la même chose. — Comment vous
disait-elle ? — Que celui qui devait travailler à
son rétablissement devait le faire avant la fin
de 1874, ajoutant que *l'homme garde toujours
sa liberté*. — Qu'entendiez-vous par ces dernières paroles ? — Eh ! que le maréchal de Mac-
Mahon serait libre d'aller le chercher. — Dans
ce sens que personne ne l'en empêcherait ? —
Oui, sans doute. »

Voilà bien l'illusion de cette pauvre femme
démasquée ; mais loin de lui fournir la solution,
ces paroles, que Dieu avait permis qu'elle ou-
bliât, l'en avaient, dans le principe, écartée
d'avantage, et l'on semblait n'y avoir pris aucune attention. « C'est bien, lui dis-je, tranquil-
lisez-vous. » Mais au lieu de la désillusionner,
je voulus par surcroît avoir la certitude complète que j'étais dans le vrai, et sans autre
explication, je priai l'extatique de vouloir bien
demander à la Vierge si je ne me trompais pas
dans mon interprétation.

Cependant, le jour de l'extase approchait ; le
moment était arrivé. Je lui renouvelle ma commission, avec prière d'être bien attentive à la réponse de la Vierge. Elle fait un signe approba-
tif, et quelques minutes après, elle est en
communication avec le Ciel. C'était le jour où
je me trouvais là avec le respectable M. Lussac,
son nouveau directeur, et j'attendais la réponse

avec une certaine sollicitude. Pauvre ver de terre ! comment n'aurais-je pas tremblé d'entrer, même indirectement, en communication avec celle dont les chœurs célestes chantent les louanges !

A peine sortie de l'extase, Berguille me regarde avec une certaine complaisance, et me dit avec cette sérénité qui la distingue toujours, quand elle a quelque bonne nouvelle à annoncer : Monsieur l'abbé, vous êtes donc le seul qui ayez compris ce mystère ! — Que vous a dit la Sainte Vierge ? — Voici ses paroles : LORS MÊME QUE DIEU A DÉCIDÉ QUELQUE CHOSE, IL LAISSE L'HOMME LIBRE ; MAIS SOUVENT ON SE REPENT.

Je ne ferai pas ici une dissertation en règle sur l'accord de cette liberté de l'homme avec la prescience divine. Plusieurs anciens philosophes avaient refusé à Dieu la science de l'avenir, parce qu'ils n'en pouvaient pas concilier la certitude avec la liberté des actions humaines. Saint Augustin les réfuta dans un livre sur cette matière. D'autres, tombant dans le plus désolant fatalisme, ont nié la liberté des actions humaines sous l'œil de la prescience divine. Les uns et les autres n'ont pas voulu comprendre qu'à proprement parler, il n'y a pas de prescience en Dieu, mais simplement science ou connaissance. Par son éternité, Dieu est présent à tous les instants de la durée des créatures, comme par son immensité il est présent à tous les lieux. Il n'y a donc à son égard ni passé, ni avenir : il voit toutes choses comme présentes. Il les voit telles qu'elles sont, et les futures par rapport à nous telles qu'elles seront. Il les voit nécessaires si elles doivent être l'effet nécessaire des causes physiques ; il les voit libres, si ce sont des actions qui dépendent de la volonté humaine. Elles seront donc libres, puisque Dieu les voit ainsi. C'est le raisonnement de saint Augustin.

Josèphe nous apprend que les Juifs de Babylone ayant montré à Cyrus la prophétie d'Isaïe qui le concernait, ce prince écouta la voix de Dieu, et fit reconstruire son temple à Jérusalem. Jeanne d'Arc va porter à Charles VII les révélations de saint Michel, l'ange tutélaire de la France, et Jeanne d'Arc est traitée de folle. Mais à la fin, Charles VII prête l'oreille aux révélations de la vierge de Vaucouleurs, et Orléans est sauvé. Qu'on me permette de citer d'autres exemples : on verra que par anticipation je fais l'histoire de Berguille.

Sainte Brigitte était mariée : elle avait huit enfants, ce qui ne l'empêchait pas de recevoir fréquemment les révélations du Ciel. Ceci soit dit pour ceux qui ne veulent pas comprendre qu'étant engagée dans les liens du mariage, l'humble paysanne de Fontet puisse avoir de pareilles révélations. Brigitte eut des doutes sur ses visions : elle craignait les illusions du démon. Dans cette perplexité, Dieu lui dit : « Va trouver le prêtre Mathias, si expert dans le discernement des deux esprits. »

Le désordre régnait à la cour de Suède, et Dieu commande à Brigitte d'aller auprès du roi et de ses courtisans, et de leur annoncer des malheurs s'ils ne viennent à résipiscence. Inquiète de savoir comment elle devra parler à la cour, Dieu la rassure et lui promet, quand le moment sera venu, de mettre sur ses lèvres les paroles qu'elle devra faire entendre au roi Magnus, aux princes et aux courtisans : elle fut traitée de séductrice, de fourbe et de sorcière, *seductricem*, *defraudatricem et sagam*, et les malheurs prédits fondirent sur les Scandinaves. Les sujets se révoltèrent contre le prince, qui vit ses états en proie aux troubles et aux révolutions, et périt lui-même misérablement ainsi que la reine son épouse.

Brigitte fit d'autres prédictions sur les Papes de son temps, et fit la peinture la plus désolante des malheurs de Rome, en l'absence des vicaires du Christ qui avaient établi leur siége à Avignon. Ses prédictions contre le royaume de Chypre furent aussi terribles. Framagouste, sa capitale, était la Babylone des temps anciens, et le Paris des temps modernes. Dans une de ses extases, elle vit ses murailles et ses édifices croulant et s'abîmer dans la poussière, et les habitants du royaume, s'ils ne faisaient pénitence, comme effacés du livre des vivants.

Catherine de Sienne, contemporaine de sainte Brigitte, eut les mêmes extases, les mêmes communications du Ciel. Elle fit les mêmes prédictions aux Papes d'Avignon. Grégoire XI ne dédaigna pas de la consulter sur la conduite qu'il avait à tenir. « Très-Saint Père, lui répondit-elle, faites ce que vous avez promis à Dieu. » Grégoire XI, qui n'avait fait part de son vœu à personne, avait solennellement promis à Dieu de retourner à Rome, et comprit parfaitement que la Sainte n'avait connu son vœu que par révélation.

Arrêtons-nous là, et sans faire ressortir les analogies que chacun comprendra facilement, disons la mission politique que Berguille eut à remplir auprès du maréchal de Mac-Mahon.

A l'origine même des manifestations, le 14 mai 1873, la Vierge annonce à Berguille un changement prochain et favorable dans le gouvernement. Ce n'est pas le gouvernement définitif, mais il doit le préparer : un roi viendra sauver la France. Dix jours après, M. Thiers est renversé de son pouvoir présidentiel, et remplacé par le maréchal de Mac-Mahon. Et qu'on ne dise pas que cette prédiction fut écrite après coup. Berguille la fit connaître à la famille Pardiac en présence de plusieurs autres personnes, deux ou trois jours après l'avoir reçue de la céleste Apparition. C'est alors qu'elle dit que ce ne serait pas le gouvernement définitif, mais celui qui devait lui préparer les voies. Comme tout s'enchaîne maintenant! Ce fut plus tard que la Vierge révéla à la Voyante que le roi qui devait sauver la France était Henri V. Berguille ne comprit qu'à demi : elle n'avait jamais entendu parler d'Henri V. Elle comprit bientôt

après, et reçut la mission de l'annoncer publiquement, mais dans les termes et avec la restric-
tion que j'ai fait connaître, et dont jamais elle
ne s'était rendu compte.

Plus tard encore, et avant la fameuse lettre,
la lettre si noble du comte de Chambord, alors
que tout le monde paraissait d'accord, une révélation nouvelle apprend à la Voyante que le
roi n'arrivera pas, comme on se l'imagine, par
la volonté des hommes, mais par la main de
Dieu. Cette révélation est du 11 septembre, et
la lettre est du 27 octobre.

Le 30 du même mois, la divine Vierge s'exprima avec plus de clarté. Ce même jour, l'*Union*
publiait cette magnifique lettre, et l'extatique
recevait de la céleste Apparition ce message et
cette révélation qui pouvaient bien viser les
machinations commençant à s'agiter autour du
manifeste royal : « Que l'on prie, que l'on prie !
qu'on fasse des neuvaines : je ne peux plus retenir le bras de mon Fils, à cause des méchants
qui veulent tout détruire, non-seulement la société, mais encore la religion. Que l'on prie
pour sauver la France, car je veux la sauver.
Le démon, comprenant qu'il va être enchaîné,
agite les esprits ; il fait tous ses efforts pour tout
perdre. Les méchants croiront leur triomphe
assuré, mais quand ils croiront avoir tout gagné,
tout sera perdu pour eux, car Henri V viendra
et sauvera la France. Il n'arrivera point par le
vote et les combinaisons des hommes. Les hommes ne le connaissent pas. S'ils connaissaient

le fond de son cœur, ils seraient invinciblement attirés vers lui ; mais ils ne le connaissent pas. Néanmoins, il viendra par la main de Dieu. *On le croit très éloigné du trône et il en est très rapproché.* »

Le trône, il le touchait de sa main, et la France serait aujourd'hui tranquille si le démon de la discorde n'avait jeté un funeste bandeau sur les yeux des hommes qui tenaient en leurs mains les destinées de la patrie.

Une année entière se passe en de fiévreuses agitations, et l'espérance de voir la France gouvernée par son roi légitime s'évanouit de plus en plus. Cependant Dieu voulait qu'il la gouvernât en 1874. Il l'avait décrété, mais ce décret ne gênait en rien la liberté de celui qui devait aplanir les voies : LORS MÊME QUE DIEU A DÉCIDÉ QUELQUE CHOSE, IL LAISSE L'HOMME LIBRE.

Cependant la fin de l'année approchait, et moins docile que Cyrus, rien ne faisait pressentir que celui qui pouvait si facilement aplanir les voies du sauveur de la France, annoncé par tant d'oracles, voulût concourir à leur accomplissement. Nouvelle Jeanne d'Arc, nouvelle Brigitte, — je ne crains pas de le dire, — Berguille reçoit la mission d'aller porter un avertissement au chef de l'Etat. L'Apparition céleste lui avait révélé, pour le maréchal de Mac-Mahon, cet avertissement secret qui doit autoriser son message. Le 22 décembre, la Vierge lui rappelle ce secret, et ajoute : « Le moment est venu de le lui faire connaître. Hâtez-vous, il faut qu'il le sache avant le 1er janvier. »

Comme Brigitte, l'humble peysanne s'effraie de ce message, et se demande comment elle pourra faire ce voyage, et se présenter devant le maréchal. Elle connaît le grand dévouement de M. le comte E....., qui a lui-même tant de reconnaissance à la Vierge de Fontet, et elle prend le parti de lui faire écrire pour lui faire connaître la gravité de cette conjoncture. M. le comte reçut cette lettre la veille de Noël, et comprenant la mission qu'il allait avoir à remplir, il s'y prépara en entendant la messe de minuit, et le samedi soir, 26 décembre, il était auprès de la Voyante. Ce même jour, celle-ci hésitait encore quand la divine Vierge lui apparut une seconde fois et lui dit : « Hâtez-vous de faire ce que je vous ai ordonné ; le temps presse. » M. le comte prévoit les difficultés d'avoir une audience du maréchal aux approches du premier de l'an ; mais la Voyante ne peut plus résister aux oracles du Ciel. Toutefois, dans son anxieuse préoccupation, elle passe la nuit sans sommeil. La nuit est à peine au milieu de sa course, elle se lève, et abîmée devant son Dieu, elle le conjure de lui donner des forces, et de la soutenir dans cette délicate mission. Le divin Sauveur lui apparaît encore : « Ma fille, rassurez-vous et partez sans retard, mais ne vous énorgueillissez pas de la mission de miséricorde que je vous confie. »

Après divers incidents de voyage qui ne manquent pas d'intérêt, Berguille et son protecteur arrivent à Paris le lundi matin avant l'aurore, et s'en vont descendre à l'hôtel, où M. le comte était logé durant le siége. Le matin de ce jour, celui-ci se rend à l'Elysée, dans l'espérance, mais bien peu fondée, d'obtenir une audience de la maréchale ou du maréchal. Ce fut en vain. Alors il écrivit à madame la maréchale, s'imaginant que par son intermédiaire il obtiendrait plus facilement de son mari l'audience qu'il venait solliciter. Il porta lui-même sa lettre à l'Elysée, accompagné de l'un de ses beau-frères.

Vainement la réponse fut attendue pendant deux jours, et l'humble paysanne passait presque tout son temps à Notre-Dame-des-Victoires, suppliant la divine Vierge de venir à son aide et de lui aplanir les difficultés. Mais le 30 décembre, la réponse attendue n'arrivant pas, la Voyante et son protecteur vont entendre la messe à Saint-Etienne-du-Mont, et M. le comte écrit ensuite au maréchal, au nom de Berguille elle-même, pour lui demander l'importante et pressante audience qu'elle vient réclamer. Il porte encore lui-même sa lettre à l'Elysée, et la remet à l'aide de camp de service, qui lui promet formellement de la remettre au maréchal.

Le lendemain était le dernier jour de l'année, et la Reine des anges avait déclaré à sa protégée que sa mission à Paris ne devait pas dépasser ce jour-là. Dans cette délicate conjoncture, elle prend conseil de sa conscience et de son protecteur. Désespérant d'accomplir sa mission de vive voix, elle se résout à la faire connaître au

maréchal par une lettre que M. le comte E.....
écrit sous sa dictée. Cette lettre dans sa teneur,
cet avertissement, sont encore enveloppés d'un
certain mystère. M. le comte lui-même, sans être
obligé au silence le plus absolu, ne s'en tient
pas moins sur une convenable réserve. La lettre était à peine terminée, qu'un messager venant de l'Elysée vient lui dire verbalement que
M. le secrétaire du maréchal, le colonel Robert si
je ne me trompe, pourrait le recevoir le 2 janvier.

Bien que la mission de Berguille dût s'accomplir avant cette époque, M. le comte était décidé
à attendre, mais à la condition qu'il eût une
audience du maréchal lui-même, n'ayant affaire
qu'avec lui. C'est la déclaration qu'il fit à ce
personnage, qui promit de rapporter immédiatement la réponse définitive. La réponse fut attendue jusqu'au soir, mais le personnage ne revint pas. C'est alors que M. le comte alla porter
à l'Elysée la lettre écrite le matin sous la dictée
de la Voyante. Il la remit à M. de Langsdorff,
qui lui donna sa parole d'honneur qu'il la re-
mettrait au maréchal. Quelques heures après, ils
reprenaient le chemin de Fontet, où ils arri-
vaient le soir du premier jour de l'an. Berguille
regrettait de n'avoir pas vu le chef de l'Etat,
mais elle avait le cœur tranquille : sa mission
était accomplie.

Que faut-il conclure de ce grave incident ?
Qu'au point de vue prophétique, et d'après l'ora-
cle de Fontet, tout est perdu pour la monarchie

légitime? Non, certes. Autrefois Berguille l'annonçait, aujourd'hui elle la chante. Elle chante
le lis, l'espérance de la nation ; mais le mo-
mént n'est pas venu de faire connaître cette
phase récente et si remarquable. En attendant,
dans la plupart de ses ravissements, l'extatique
parle de la France, demande incessamment
des prières pour elle. Elle en demande pour
ceux qui la gouvernent, et surtout pour le chef
de l'Etat.

Lui aussi connaît le motif qui a dû autoriser la
mission de l'extatique. Il doit comprendre si c'est
une folle ou une inspirée du Ciel. Dans la première hypothèse, il peut dormir tranquille ; dans
la seconde, il doit trembler s'il n'accomplit pas
la volonté de Dieu. Maréchal, je vous dois personnellement de la reconnaissance. Malheur à
moi si jamais j'oubliais le service éminent que
vous me rendîtes, il y a quinze ans, lorsque
j'écrivais, pour la publier, la biographie d'un
de vos compagnons d'armes. Aussi est-ce de bon
cœur que j'unis mes vœux à ceux de notre extatique pour que Dieu vous protége et qu'il vous
éclaire.

Si Berguille ne se trompe pas, elle connaît vos
plus grands ennemis, les ennemis de la société,
de la religion et des trônes. Elle connaît le travail latent des sociétés secrètes ; elle en parle
souvent dans ses extases ; mais loin de les mau-
dire, elle demande à Dieu de les convertir. Elles
pourront s'agiter tant qu'elles voudront ; elles
pourront retarder, ainsi que les honnêtes aveu-

glés, la venue du sauveur de la patrie, elles ne l'empêcheront pas. Berguille fixe-t-elle aujourd'hui l'époque de son avènement? Non, et d'ailleurs on ne la croirait pas. Je n'en sais pas plus que les autres; mais à ceux qui m'interrogent sur ce point, je me contente de répondre par l'énergie de ma foi et par ces augustes paroles qui ont fait le tour de l'Europe : La parole est a la France, l'heure est a Dieu.

Très-souvent, je le répète, Berguille prie pour la France, et parle d'Henri V sous l'emblème du lis. Voici ce qu'elle disait dans l'extase du 8 octobre : « Oh pourquoi la fouler cette fleur si blanche? Oh! qu'elle refleurisse sur cette chère patrie! C'est ce lis blanc qui va sauver la France. Je le vois se flétrir sur la terre et fleurir sur l'autel. » Comme les autres paroles en si grand nombre, celles-ci sont textuelles; et c'est ce langage qu'elle parle si souvent durant ses extases. Est-ce là, je le demande, le langage d'une pauvre paysanne simple et illettrée? L'intelligence de Berguille est quadruplée dans ses ravissements. Qu'on y prenne garde, il est temps de ne plus rire des manifestations de Fontet.

La cour de Suède se moqua de sainte Brigitte, et la Scandinavie fut déchirée par les dissensions et les révoltes qu'elle avait prédites. Eprouverons-nous la même désolation? Trois fléaux nous sont annoncés : la guerre, la peste et la famine. Berguille annonce également de nouveaux martyrs; elle a vu des échafauds dressés avec un lugubre appareil, des quartiers de Paris croulant

comme Framagouste dans les flammes qui les
dévoraient. Mais ces châtiments, ainsi qu'on le
voit dans nos livres saints, peuvent toujours être
écartés ou diminués par la pénitence et la prière :
l'extatique de Fontet nous appelle sans cesse
à la prière et à la pénitence.

Par une inspiration d'en haut, sainte Catherine rappelle au Pape Grégoire XI le vœu qu'il
a fait de retourner à Rome. Si je me rendais
l'écho d'une rumeur qui me vint de Paris quelques jours après le premier de l'an, je parlerais
d'un vœu que notre Voyante aurait aussi connu
et d'un trouble que cette révélation aurait pro-
duit ; mais ne nous arrêtons pas à de simples
rumeurs, et laissons à l'avenir ses secrets.

Les secrets de l'avenir seront peut-être révé-
lés plus tôt qu'on ne pense ; mais n'en demandez pas davantage à cet opuscule. Le mystère
règne aujourd'hui partout ; il règne surtout dans
les profondeurs de la politique contemporaine,
et le soleil qui se couche sur cet horizon, ne peut
jamais nous répondre du soleil du lendemain.

II

**Extase du vendredi 21 mai au mardi suivant,
et faits extraordinaires qui l'accompagnent.**

Depuis quelque temps, la longueur des extases de Berguille suivait une progression mar-

quée. La précédente, commencée le 14 mai, avait duré jusqu'au lendemain à 4 heures du soir. Depuis la fin de 1874, je m'étais abstenu d'y paraître, la défense générale étant devenue plus rigoureuse après le premier jour de l'an. Cependant, tout ce que j'entendais raconter des paroles de l'extatique et des incidents qui se produisaient tous les vendredis, m'enhardit à m'adresser directement à l'archevêché de Bordeaux, qui daigna m'accorder l'autorisation demandée, à la condition que je lui ferais connaître mes impressions. Cette condition me plut autant que la permission elle-même; car elle me prouvait que l'autorité métropolitaine n'était pas aussi indifférente qu'on le prétendait aux manifestations qui avaient tant passionné les esprits.

Le vendredi, 21 mai, j'étais en présence de l'extatique. Parmi les paroles qu'elle prononça ce jour là, on remarque celles-ci, durant le chemin de la croix qu'elle fait à genoux sur son lit : *Dicite: Dominus*, et puis tout bas, ces paroles répétées et qu'on entend très-bien à l'extase du 28 mai : *regnavit à ligno*. Elle en donne elle-même la traduction immédiatement : « Oui, Seigneur, on publiera dans toutes les nations que vous avez régné du haut de la croix. » C'est la strophe que l'on chante le dimanche de la Passion, *dicendo nationibus: regnavit à ligno Deus*. Elle y met toujours une variante qui fait assez comprendre qu'elle ne suit pas une vieille routine, variante d'ailleurs d'un latin irréprochable. Mêlant toujours le latin et le français, elle continue : « *O crux benedicta* ; ô croix adorable ! vous êtes seule digne de porter le Roi des rois ; oui, le Roi du ciel et de la terre. » Elle récite le *Deus qui culpâ offenderis*, et dit ensuite : « ô Vierge Marie ! je veux mêler mes larmes aux vôtres. » Le chemin de croix finit et le crucifiement commence.

L'ayant interrogée après l'extase, elle me dit qu'elle voit en tableau vivant la scène de la Passion. Elle suit le divin Sauveur portant sa croix sur le chemin du Calvaire ; elle voit le peuple en délire, entend ses cris insensés, les cris des bourreaux et les coups de marteau retentissant sur la croix où le divin sauveur est cloué. Toutes les douleurs du Christ, elle les ressent elle-même.

Durant le crucifiement, l'extatique, entre autres paroles, fait entendre celles-ci : « Oh ! oui, mon Dieu, je vous l'offre (ce sacrifice) pour le besoin de la sainte Eglise, en particulier pour notre saint Père. Oui, protégez-le toujours ; faites-le triompher de ses ennemis. Ces souffrances, ô mon Dieu ! je vous les offre pour toute la France. Pauvre France ! Oh ! quel triste spectacle ! Que de menaces ! Oh ! faites-les cesser, toutes ces sociétés si indignes. Que de pleurs, que de gémissements, mon Dieu ! Oh ! oui, ce sont les ennemis de la sainte Eglise. Eloignez-les, Seigneur. » Ici, elle voit les prêtres en butte à la persécution et s'écrie : « Seigneur, tenez-les toujours dans leur foi ; qu'ils ne chancellent pas, je vous en supplie... oui, martyrs. »

De temps en temps, en prononçant ces paroles prophétiques, elle regardait avec un attendrissement marqué et pressait sur ses lèvres et sur sa poitrine un crucifix que je lui avais prêté avant l'extase. Ce crucifix, l'an dernier, avait été l'objet d'une attention toute particulière de la part de la céleste Apparition, et couvert de grâces infiniment précieuses.

A six heures vingt-cinq minutes, aux souffrances de la douleur succèdent les ravissements de l'extase. Cette transition est un des plus intéressants phénomènes, admiré par tous ceux qui en sont les témoins. Son visage attristé, languissant, prend tout-à-coup une physionomie resplandissante. A ce moment, elle voit descendre du ciel une colonne de rayons lumineux qu'environnent les anges. Nous parlerons de ce prodige à la fin de cet opuscule. C'est alors qu'elle prie Dieu d'avoir pitié de cette pauvre France et de son Chef, qu'elle tremble de voir périr. Mac-Mahon est toujours l'objet de ses sollicitudes.

Le ravissement terminé, Berguille reprend son calme sans sortir de l'extase. L'heure de dire mon bréviaire était arrivée. Je le prends et commence les prières préparatoires. A mon grand étonnement, je vois l'extatique joindre ses mains comme pour prier. En effet, elle répond au *Gloria Patri* de chaque psaume, et paraît très-sensible à cette doxologie. Cette sensibilité, elle la manifeste toujours, comme l'ont remarqué les témoins de cette scène, par l'expression de son visage, et par l'élévation de ses mains jointes vers le ciel. La même observation est faite par M. l'abbé Cornet au sujet de Louise Lateau, sensible à la récitation du bréviaire par les prêtres, et particulièrement à chaque *Gloria Patri*. Le R. P. Limberg, confesseur ordinaire d'Anne-Catherine Emmerich, rapporte la même sensibilité de cette célèbre religieuse extatique du diocèse de Munster, morte, il y a cinquante ans, en odeur de sainteté. Ces similitudes sont au moins fort remarquables.

L'assistance était véritablement émue ; je l'étais encore d'avantage. Pour plus de certitude du surnaturel, dont pourtant je ne puis pas douter, je vais à l'autre extrémité de la chambre, et je continue la récitation de mon bréviaire tellement à voix basse que je m'entends à peine. Dès ce moment, non-seulement l'extatique répond *amen*, comme tout à l'heure, mais toute la seconde partie de la doxologie, c'est-à-dire : *sicut erat in principio et nunc et semper, et in sæcula sæculorum, amen*, et toujours avec la plus rigoureuse précision.

À la fin de cette prière, je dépose sur le lit mon bréviaire, que l'extatique prend dans ses mains, l'élève vers le ciel et prie. Immédiatement après, elle enfait autant de mon crucifix.

Bientôt, je m'agenouille auprès du lit sous la statue qui décore la chapelle rustique, et j'entre dans une profonde méditation. Berguille y est très-sensible et répond ensuite aux antiennes de la Vierge que je récite très-doucement. Je continue par les invocations à nos saints agenais, suivies de l'oraison de nos martyrs. Quand j'arrive à ces mots : « Enflammez dans notre cœur le feu sacré de cet amour qui embrasa celui de nos glorieux martyrs », l'extatique se soulève, et sa figure prend une expression remarquable, qui me saisit et me transporte. La même expression se peint sur son visage quand je récite la prière à la croix, prière qu'elle a recueillie des lèvres mêmes de la divine Vierge, comme je le dirai bientôt.

La journée fut terminée par la récitation du chapelet et par la prière du soir. Elle y répondit avec la même précision, et cependant je priais à peine du bout des lèvres ; je pourrais presque dire mentalement.

Samedi, 22 mai.

Le lendemain, à la pointe du jour, je me hâte de me rendre à la ferme : il me tardait de savoir si Berguille était encore en extase. La porte était ouverte, tout le monde était levé excepté l'extatique, toujours dans le même état surnaturel. Ce que j'avais fait la veille me donne l'intelligence de ce que je dois faire le lendemain. L'heureuse famille est occupée aux travaux du matin ; Berguille est crucifiée sur son lit. Ses bras sont raides et tendus transversalement, mais elle semble dormir plutôt que souffrir ; sa tête est penchée vers la ruelle.

J'étais entré fort doucement ; elle n'avait pu ni m'apercevoir ni m'entendre. Je fus convaincu que l'extase durait toujours, et me mis à genoux pour commencer ma prière du matin et ma méditation. Aussitôt Berguille joint ses mains, et répond parfaitement à toutes mes prières, faisant le signe de la croix quand je le fais moi-même. La méditation terminée, je me retire pour aller célébrer la sainte messe.

De retour à la ferme, je trouve l'extatique assez agitée, mais aussitôt que je prends mon bréviaire, elle se calme, joint ses mains, et répond comme la veille à la fin de chaque psaume. Ce qui me frappe, elle dit tout haut les *Alleluia* à chaque répons des petites heures : c'était la dernière semaine du temps pascal. Les assistants n'étaient pas moins frappés que moi. Quand j'ai fini, l'extatique finit avec moi, et retombe immédiatement sur sa croix : les souffrances ont recommencé.

Quelques instants après, je récite la prière céleste à la croix ; l'extatique en est très-sensiblement émue, et je partage son émotion. Cette prière terminée, elle s'élève jusqu'au ravissement : elle est magnifique à voir, et semble avoir emprunté la physionomie d'un ange. C'est l'extase de la jubilation ; elle est plongée dans les régions du ciel.

Descendue des hauteurs de l'extase, Berguille retombe dans celle de la douleur. Laissons la souffrir un peu, dis-je à l'assemblée du voisinage, attirée par les merveilles qui commençaient à se répandre ; tout à l'heure je recommencerai. Je voulais bien certainement soulager l'extatique, mais je ne voulais pas lui ravir tout le prix de ses souffrances. Quelques instants se passent ; je prends mon chapelet, elle joint ses mains, et répond avec la même exactitude que la veille, levant ses mains jointes vers le ciel à chaque *Gloria Patri,* et reprenant au *sicut erat ;* car je priais toujours en latin, et toujours presque mentalement.

Dix heures venaient de sonner. On voit qu'elle remue ses lèvres, mais on ne l'entend pas. Je m'étais approché du lit pour assister à ce dialogue mystérieux : je sentais bien que l'Apparition était là. Bientôt l'extatique avance sa main de mon côté, la place délicatement sur la mienne, et prononce ces paroles qui me cou- vrirent de confusion, et m'émurent jusqu'aux larmes : « Oh ! oui, cette main bénie ; oh ! je ne mérite pas de la toucher, cette main qui touche Notre-Seigneur tous les jours! »

Après cette scène émouvante qui électrise tous les cœurs, l'extatique retombe dans la perplexité. Obligé maintenant par la reconnais- sance, je me retire à l'écart, et je commence les sept psaumes de la pénitence dans l'espoir de la soulager. Je ne me trompais pas. La satis- faction ne tarda pas à se peindre sur son visage. Il y eut ici un incident remarquable que je dois faire connaître ; mais il faut prendre les choses de plus haut.

Une image du Sacré-Cœur, portant sur le

verso plusieurs croix faites par un personnage mystérieux, avait été envoyée de Mourens à Fontet à un fervent chrétien, homme d'élite et craignant Dieu. Il me communiqua son dessein, et voulant faire une épreuve pour reconnaître à la fois le mystère de cette image et le mystère des apparitions de Fontet, il pria une personne recommandable de poser l'image en question sur le lit de la Voyante pendant qu'elle serait en extase, et sans l'avoir avertie. L'expérience fut faite la veille, et n'avait donné qu'un résultat négatif. La journée allait se passer quand on crut le moment favorable ; mais par un signe de la main, l'extatique écarta l'image qu'on lui présentait. Il y eut un moment d'émotion : on crut que Berguille repoussait l'image du Sacré-Cœur. Non, répondis-je à celui qui manifestait cette crainte, le moment n'est pas venu ; car c'est ainsi qu'elle agit toujours quand on lui présente des objets avant l'heure.

Je n'en étais pas moins dans une certaine appréhension. Cependant, l'image photographique était restée sur le lit de la Voyante, et je n'y songeais plus quand je récitais, toujours très-doucement, les psaumes de la pénitence, que Berguille paraissait suivre très-attentivement. Arrivé à ces mots du troisième : *Cor meum conturbatum est*, je m'arrête instinctivement, et je me dis à moi-même que le moment serait venu de voir l'expérience aboutir. Je lève les yeux, et je vois à l'instant Berguille prendre l'image dans sa main, l'élever au-dessus de sa tête, priant avec effusion, et la collant ensuite à ses lèvres. Mon émotion est grande ; je crois que c'est fini, et je reprends la récitation des psaumes. Mais voilà qu'on vient m'inviter à m'approcher du lit, me disant que l'extatique traite cette image avec une affection remarquable, faisant avec son index des croix justement sur les croix déjà faites par le personnage mystérieux. On ne connaissait pas la pensée intime qui m'avait inspiré au *cor meum* du prophète royal ; mais moi qui la sentais vivement, je répondis que je n'avais pas besoin de voir ce que je comprenais très-bien, et je terminai les psaumes de la pénitence. Je ne tardai pas à faire connaître cet incident à l'heureux possesseur de l'image bénie, lequel reçut plus tard de Berguille elle-même une importante révélation sur le personnage mystérieux apparaissant à Mourens.

Durant les extases, Berguille éprouve des situations diverses. Tantôt c'est l'extase de la douleur, tantôt l'extase de la jubilation. Quelquefois le démon vient rugir auprès d'elle, et quelquefois elle est dans un complet délaissement. Cette dernière situation, l'une des plus pénibles, elle l'éprouve aussitôt après la scène que je viens de raconter, et elle s'écrie : « Ayez pitié de moi, mon Dieu. Oh ! mon cœur se glace. O mon Dieu ! ne laissez pas glacer mon âme. » Elle appelle à son secours son directeur spirituel, qui seul peut la rappeler de l'extase, comme il l'a déjà fait une première fois ; elle supplie la Vierge de lui donner un signe pour qu'il ne manque pas de venir, mais le moment est loin d'être arrivé.

Dans cet intervalle, on m'avertit qu'une dame étrangère venant de la Haute-Loire désire entrer, n'ayant pu obtenir de l'archevêché une autorisation pour le vendredi. On était bien au samedi, mais l'extase durant toujours, je fus consulté sur cet incident. Ayant égard à l'esprit plutôt qu'à la lettre de la défense, je ne voulus pas prendre sur moi de faire ouvrir la porte. Bien que venue de loin, l'étrangère se résigne et envoie par un habitué de la maison une magnifique photographie du Père de Bray, avec prière de la faire présenter par l'extatique à la divine Apparition : on me la remet entre les mains. Dans ce moment Berguille était comme affaissée, et dans une immobilité complète. J'hésite à lui présenter cette photographie; elle s'avance un peu, me la prend dans les mains, l'élève pieusement, et d'une voix touchante, elle prononce ces paroles qui émeuvent l'assistance : « O pauvre victime ! oh ! quelle humiliation, que d'épreuves ! Faites-les cesser, je vous en supplie, ô mon Dieu ! Puisqu'il vous est si agréable, ne l'abandonnez pas, ne le laissez pas succomber à ses ennemis. »

Il était onze heures, et avant d'aller prendre mon repas, je voulus réciter en latin les Litanies des Saints. Je me mis à genoux près de la porte, et aussitôt Berguille joignit ses mains pour prier avec moi. Tout le monde, dans l'étonnement, s'aperçoit qu'elle répond *ora* ou *orate pro nobis* à chaque invocation, mais moi seul, qui prie toujours presque mentalement, je comprends la justesse et la rigoureuse exactitude de ses réponses. Frappé de ce prodige si souvent renouvelé, je m'arrête à l'invocation *sancte Augustine*, pour contempler l'extatique qui s'arrête en même temps que moi. Mais quand je veux reprendre, je ne me souviens pas à quelle invocation je suis resté. Tandis que je la cherche dans mon bréviaire, l'extatique crie tout haut : « Saint Augustin. » Tout le monde m'interrogeant du regard : « Oh ! c'est bien là que j'en étais », répondis-je avec émotion. Et puis, je continuai les Litanies des Saints, Berguille continuant à me répondre. En même temps que moi, elle se frappe la poitrine à l'*Agnus Dei*, et termine par le signe de croix, qu'elle fait aussi avec moi et simultanément.

Je sortis bientôt après pour aller prendre mon repas. Je racontai à la dame de la Haute-Loire et à Mlle Bleynie, qui l'accompagnait, l'incident relatif au Père de Bray. Elles en furent ravies. Le doute continuant toujours pour la première, elle profite d'un moment où la porte est ouverte ; elle entre, — et qui oserait lui en faire un crime ? — mais seulement quelques instants, pour faire présenter à l'Apparition une photographie de Notre-Dame de France, si chère aux habitants de la Haute-Loire. Berguille la prend dans sa main, la présente respectueusement à l'Apparition et dit : « Oh ! que de grâces sont obtenues par vous, Notre-Dame de France ! O Sainte Vierge ! que ce culte se répande partout quisqu'il vous est si agréable ! Oui, Notre-Dame de France, sauvez-nous. »

Jusque-là, tout allait assez bien, mais l'après-midi jusqu'au soir, la situation fut désolante. Le délaissement était complet, et peut-être le démon faisait-il sentir sa présence. L'extatique redouble ses supplications, mais toute résignée qu'elle est, deux fois elle prie la divine Vierge d'inspirer son directeur pour qu'il vienne la tirer de cet état, qui paraît alarmant, mais il faut qu'il lui parle au nom de l'Eglise. Plusieurs fois elle prend mon christ qu'elle colle à ses lèvres et qu'elle presse sur son cœur. Il est aisé de voir qu'elle y trouve un grand soulagement à sa douleur. Bientôt elle s'écrie : « O Sainte Vierge ! mes yeux vous cherchent, mes oreilles vous écoutent... Oh ! que cette route me paraît pénible, mon Dieu ! Ah ! mon Dieu, mes chers enfants, je vous les recommande : donnez-leur la foi. » Elle tenait la main de son plus jeune fils, attristé de la situation de sa mère.

Ces appels réitérés à son directeur m'avaient beaucoup ému, et j'étais alors impuissant à soulager sa douleur. Je priai Laclavetine, chargé de recueillir les paroles de l'extatique, d'aller chercher M. Miramont ; mais on me fit remarquer qu'il avait résolu de ne plus la rappeler de son état, sinon en présence d'une commission de médecins. Quelqu'un inspira le moyen de

demander pour moi une délégation de sa part.
Je répondis que je la croyais inutile, parce que
toujours l'extatique déclarait qu'il n'y avait que
son directeur qui la pût tirer de cette situation.
D'un autre côté, je comprenais que, comme pour
Louise Lateau, la délégation devait partir de
l'autorité supérieure. Enfin, sur les instances
qui me furent faites, je laissai partir le jeune
Laclavetine pour demander cette délégation à
M. le curé de Fontet, dans le cas où il persiste-
rait à ne pas venir lui-même. Je ne comptais
pas sur ce moyen, mais sûr d'ailleurs qu'il ne
pouvait nuire en quoi que ce fût, je me hasardai de l'employer au retour du messager. Quelques voisins étaient venus, en apprenant l'état
alarmant de la pauvre Berguille. « Berguille,
lui dis-je à haute voix, je suis délégué par votre confesseur. En son nom et au nom de la
la sainte Eglise, je vous ordonne de sortir de
l'extase et de vous lever. » Comme je l'avais
prévu, Berguille resta dans son extase douloureuse, et ne répondit que par ces mots bien
significatifs : « Oh ! vous me montrez bien
qu'il faut que ce soit lui. »

Cependant l'exercice du mois de Marie allait
commencer : elle se recueille, et demande à
Dieu d'inspirer son directeur en présence du
Très-Saint-Sacrement. On l'entend réciter le
Tantum-ergo, on la voit s'incliner à la béné-
diction donnée par le prêtre, juste au moment
où on la sonne, et elle termine en faisant une
prière pour son archevêque.

Dimanche, 23 mai.

Jusqu'au moment de la sainte messe, la ma-
tinée fut terrible. Le démon était là épiant sa
victime, et faisant des efforts inouïs pour la
faire succomber. Elle s'arme de mon crucifix et
s'écrie : « Oh ! c'est là tout mon espoir ; reti-
re-toi (Satan). Oh ! quelle épreuve, mon Dieu !
Par charité, mon Père, sortez-moi de là, je
vous en supplie. Oh ! quel martyre ! c'est bien
pour votre gloire que je veux souffrir, ô mon
Dieu ! Ce n'est pas pour lui (le démon)..... ô
mon Dieu ! il veille bien le moment de me faire
succomber. Il veut me la faire payer bien cher !
Oh ! non, ce n'est pas toi qui m'en feras sortir.
O sainte Vierge ! vous savez bien que vous
pouvez le chasser. Oh ! quel terrible moment !
Il est prêt à tomber sur moi ; ne m'abandonnez
pas. Non, non, non, tu ne me sortiras pas de
là. O mon Dieu ! venez à mon secours, je vous
en supplie. Mon Père, si vous connaissiez ma
peine, vous ne tarderiez pas à venir me sortir de
là..... Oh ! il revient encore avec du feu. Oh !
quelle secousse, mon Dieu ! Oh ! tu veux
m'étrangler ? Tu ne me toucheras pas. Tu le
vois (elle lui montre mon crucifix)? Je te dé-
fends de le toucher. Oh ! quelle rage ! »

C'en était fait, le démon était vaincu, et le
sourire revenant sur les lèvres de l'extatique,
elle se prépare à entendre la messe qu'annonce
la cloche du village. Je la suis de près ; elle ne
manque aucune partie du saint-sacrifice. Elle

s'incline à l'élévation au moment où on l'entend sonner. Trois fois elle frappe sa poitrine à l'*Agnus Dei* et au *Domine non sum dignus*, et se recueille à la communion du prêtre.

Le même phénomène se reproduit à trois heures au moment où l'on sonne les vêpres. Je la suis avec la même attention. Elle récite lentement et en latin tous les psaumes. Après une pause, c'est-à-dire après le capitule, on l'entend dire : « Mais sainte Vierge, je ne comprends pas. » Moi je comprends très-bien, dis-je à ceux qui étaient présents. L'hymne de la Sainte-Trinité, dont on célébrait la fête, ne revient qu'une fois par an, et je la récite, et Berguille la récite avec moi.

Le matin, quand le démon était là, j'aurais vainement essayé de la délivrer de cette épreuve par le secours de mes prières, et j'étais très-attentif à ce qui se passait. Cependant à un moment donné, je l'entends demander de l'eau bénite. Je la lui présente, elle y trempe ses doigts, et je comprends qu'elle en est fortifiée. C'est l'unique service que je pus lui rendre.

Le soir je fus un peu plus heureux. Comme précédemment, elle répondait à l'office que je récitais, et je sentais qu'elle en était soulagée.

Lundi, 24 mai.

Cette journée fut très heureuse pour l'extatique. J'étais heureux moi-même de la voir radieuse, et répondre à mes prières avec une

satisfaction marquée. Jusqu'alors, elle s'était
contentée de répondre à mon chapelet, sans
toucher au sien. Cette fois, au commandement
de la Vierge, comme elle me le dit après l'extase, elle prit son chapelet à la main, et me
suivit grain par grain avec une exactitude qui
fut parfaitement remarquée. Elle répondait aussi
à mon bréviaire avec beaucoup plus d'assurance, répétant plusieurs versets des psaumes que
je récitais toujours très bas.

Cette béatitude dura jusqu'à cinq heures et
demie du soir. A ce moment, le démon essaie
encore de la troubler. Cette fois, il se présente
en ange de lumière, et il était fort beau et très
brillant, me dit Berguille quand elle fut revenue à son état normal. Cette fois, elle se met
en défiance, et s'armant de mon crucifix, qu'elle
garde auprès d'elle tout le temps de l'extase,
on sent qu'elle est sûre de la victoire. Elle le
présente à l'apparition trompeuse et lui dit d'un
ton malin : « Oh ! baisez-la, mon bon ange,
baisez-la cette croix. » C'est assez, et le démon
se manifeste aussitôt dans toute sa laideur. Elle
continue avec une confiance marquée : « Oh !
non ! ne la touche pas ! Non, non, non, je ne
t'obéirai pas ; je ne sortirai pas par toi. Va, retire-
toi. » Ici, comme précédemment, je fais une
aspersion d'eau bénite, et Satan irrité crache au
visage de Berguille, comme elle me le dit le lendemain. Sûre d'elle-même, on la voit sourire et on
l'entend s'écrier : « Oh ! tu peux cracher, je ne
te crains pas. Oh ! tu peux faire des grimaces. ».

L'extatique paraissait avoir une grande confiance en mon crucifix pour triompher de l'esprit malin, et de temps en temps, elle le projetait en avant pour le chasser.

Vers six heures, je me retirai, comme à l'ordinaire, à l'autre extrémité de la chambre pour réciter mon office, et toujours presque mentalement, pour m'assurer de la persévérance du surnaturel. Cette fois, ce fut magnifique. D'après ce que répétaient de temps en temps les témoins rangés autour du lit de la Voyante, je compris qu'elle aussi récitait le bréviaire verset par verset, avec une précision mathématique. Arrivé au *Te Deum*, je voulus faire une expérience, beaucoup moins pour ma satisfaction personnelle que pour l'édification de ceux qui étaient présents. La divine Vierge eut égard à la pureté de mes intentions, et l'épreuve réussit parfaitement. Je m'approchai du lit, et récitant par cœur le *Te Deum*, de manière à n'être nullement entendu de celui qui était près de moi (un monsieur de Bordeaux), j'avais les yeux fixés sur l'extatique. M'arrêtant tout exprès après quatre ou cinq versets, je vis, et tout le monde vit qu'elle s'arrêtait en même temps que moi, reprenant justement quand je recommençais moi-même, ce que l'on reconnaissait au remuement des lèvres.

Je n'ai pas besoin de dire les émotions que j'éprouvais à un pareil spectacle, et je n'ai pas besoin d'affirmer que de ma vie je n'avais prié avec de pareils sentiments. Le *Te Deum* fini, je retournai près de la porte pour réciter les Laudes. Quand j'arrivai au cantique des trois enfants de la fournaise, cantique rapporté par Daniel, « C'est toujours *Benedicite* », cria celui qui était préposé pour recueillir les paroles de l'extatique. Et quand j'arrive au psaume suivant, « c'est toujours *Laudate* », ajouta-t-il. C'est M. Breignet qui remplaçait alors le jeune Laclaveline.

Avant de me retirer, je dis une seconde fois mon chapelet, et Berguille prenant le sien, répond comme le matin. J'avais à peine terminé, qu'on entend la cloche appeler aux exercices du mois de Marie, et l'on entend Berguille s'écrier avec joie : « Oh ! le beau mois de Marie ! »

Heureux et ravi de tant de faveurs imméritées, je revins à la ferme après souper et je trouvai Berguille dans la même jubilation. L'heure étant un peu avancée, je me disposais à commencer la prière du soir, mais je n'avais encore dit mon chapelet que deux fois, et depuis un certain temps, j'avais coutume de le dire trois fois par jour. Berguille l'ignorait complétement et ne put le savoir que d'une manière surnaturelle. J'allais donc commencer ma prière quand l'extatique prend son chapelet, l'élève de mon côté, et me fait assez comprendre qu'elle m'attend. Je veux prendre le mien et je ne le trouve pas. On s'imagine mon embarras et celui de la Voyante, qui attend toujours. Un membre de la famille me fait remarquer sur le lit un chapelet qu'une religieuse avait envoyé pour le faire bénir par l'Apparition. Je le prends, je fais le signe et le baisement de la croix, que Berguille fait aussi instantanément. Elle répond toujours avec la même précision. Quand nous avons fini, je retrouve mon chapelet, et je suis doublement heureux.

Mardi, 25 *mai*.

Le mardi matin, quand j'allai célébrer la sainte messe, je ne manquai pas d'exprimer ma satisfaction à M. le curé de Fontet. Je croyais que Berguille touchait à la fin de son extase. Hélas! je m'étais bien trompé. Dès mon retour à la ferme, je trouvai l'extatique dans un affaissement complet. Vainement je cherche par mes prières à venir à son secours : elle ne répond plus. Jusqu'à une heure du soir, elle reste muette, et on la voit souffrir avec une intensité inaccoutumée. J'en étais consterné, et les larmes m'en venaient aux yeux. Les autres jours, elle avait des alternatives de douleurs et de ravissements ; mais le mardi, pas une seule minute de consolation. Voici les seules paroles qu'elle put prononcer : « Un peu de courage, mon Dieu! Je suis bien délaissée. Si mon cœur s'en va, sauvez mon âme, mon Dieu. »

Elle avait à peine prononcé ces paroles qu'on la vit dans une agitation très-alarmante, éprouvant des secousses terribles, et comme le râle de l'agonie. Ses mains étaient glacées, ses yeux éteints, son visage visiblement amaigri : tout annonçait une agonie suprême.

La rumeur s'en répand dans le voisinage ; on accourt de tous les côtés, et l'on semble attendre le dernier soupir de la victime. M. Sarrasin, gendre de M. Pardiac, faisait alors travailler aux réparations de la ferme privilégiée. Les ouvriers accourent eux-mêmes, et l'un d'entre eux, le moins croyant, dit-on, de s'écrier : « Mais qu'on aille donc chercher M. le Curé.— Il ne viendra pas, répond quelqu'un, il attend des ordres de l'archevêché. — Comment des ordres ! mais cette femme va mourir. — Rassurez-vous, lui dis-je, ce n'est pas une maladie ordinaire ; elle peut revenir immédiatement. — Oh ! pour ça, si je le voyais, je serais bien surpris, et je croirais. »

Cela ne m'empêchait pas d'être très-inquiet et très-indécis ; mais quand on l'entend prononcer ces paroles : « M. le curé, M. le curé, vite M. le curé, » je n'y tiens plus, et je pars pour aller le chercher. On m'arrête ; on ne veut pas que je sorte de la chambre dans la crainte de quelque événement sinistre. Le jeune Laclavetine va remplir ce message. Demi heure après, il revenait avec le prêtre. Celui-ci est ému en voyant l'état alarmant de la pauvre paysanne. Mais avant de songer à lui donner les derniers sacrements, il essaie de la rappeler comme il l'a fait une première fois. « Berguille, lui dit-il, m'entendez-vous ? Je suis votre curé, sortez de l'extase. » Elle est complétement insensible à ces paroles, et je me permets de faire remarquer à M. Miramont que plusieurs fois Berguille a déclaré qu'elle ne pourrait être rappelée qu'au nom de la sainte Eglise. Il lui parle au nom de la sainte Eglise, et dix minutes après, la mourante rajeunie mangeait tranquillement la soupe devant la porte de la ferme. Je le fis remarquer à l'ouvrier qui s'était intéressé au sort de l'extatique, et je lui rappelai sa promesse. J'ignore s'il y a été fidèle. L'impression fut très-grande dans le voisinage ; mais les bonnes impressions s'effacent vite, et l'on continua à mépriser les conseils de la Voyante.

Il me tardait beaucoup de causer avec l'extatique, qui n'était plus que l'humble paysanne de Fontet. Je voulais me rendre compte de certaines situations dont j'avais été le témoin, et plusieurs fois le participant. Je commençai par lui dire que tout à l'heure elle devait bien souffrir. « Oh ! oui, me répondit-elle, il m'étranglait. » Le démon avait tenu sa promesse : *je t'étranglerai*. Il était survenu à l'improviste, avait enchaîné les membres de la victime, et la torturait à son aise. Dieu avait permis cette dernière et terrible épreuve, comme il en permet pour ses plus grands serviteurs. Dans nos temps modernes je n'en voudrais d'autre exemple que celui du curé d'Ars, mort en odeur de sainteté, après avoir essuyé de Satan les assauts les plus formidables. Le démon espérait triompher de sa victime quand il la voyait clouée sur la croix, en proie à toutes les douleurs de la passion ; il lui proposait de la faire sortir de cet état et de la rendre heureuse. Quand elle le repoussait à l'aide de mon crucifix, il écumait de rage, et lui disait en lui parlant de moi : « C'est ce grand *Noir* qui te retient là. »

On sait qu'en Italie, les sectes perverses, les suppôts du démon se décorent du titre de *Blancs*, et jettent comme une insulte aux prêtres l'épithète de *Noirs*, sans doute à cause de la couleur de leur soutane. « C'est ce grand Noir qui te retient là. » Je me console facilement de n'être pas en parfaite harmonie avec le père du mensonge, *pater mendacii*.

« Vous avez donc compris que j'étais là dans ces moments si pénibles pour vous ? — Certainement, et je sais que vous avez beaucoup prié pour moi, et que vous m'avez grandement soulagée. — Comment le savez-vous ? — La sainte Vierge me l'a dit. — Vous avez aussi récité l'office avec moi, et en latin, ainsi que beaucoup d'autres prières ? — Oh pour cela, je l'ignore. — Comment pouvez-vous ignorer une chose qui a tant surpris tout le monde ? — Je sais bien que je priais beaucoup, mais j'ignorais que ce fût avec vous ; je savais seulement que vous aviez beaucoup prié pour moi. — Mais enfin, puisque vous répondiez si bien et si à propos à mes prières, vous deviez m'entendre ? — Pas le moins du monde. — Mais alors vous entendiez une voix mystérieuse, et vous répétiez ses paroles ? — Pas d'avantage.

Je l'avoue, à ces réponses, certainement très-ingénues, et qui écartent toute sorte de supercherie, d'ailleurs impossible, je ne pouvais m'expliquer le phénomène, et je priai l'humble paysanne de venir à mon aide. — Eh monsieur l'abbé, me répondit-elle, je s'entais que la sainte Vierge me mettait sur les lèvres les paroles que je prononçais, le plus souvent sans les comprendre. » Comment aurais-je pu douter que j'étais en présence du surnaturel divin ?

Et qu'on ne dise pas que l'on rencontre quelquefois des faits analogues dans le magnetisme. Le magnétisme n'a rien à voir ici. Le professeur Virchow, de la faculté de Berlin, avait porté la même accusation contre la stigmatisée de Bois-d'Haine, et M. Cornet le défie de citer un seul cas de magnétisation sans magnétiseur. Qui donc pourrait le voir à Fontet ? Je me hâte de le dire, cette accusation n'a trouvé ici aucun écho. Dans tous les cas, je puis bien affirmer que je me trouvais en face de l'extatique avec des dispositions diamétralement opposées à celles d'un *médium*.

III

Berguille en présence de la science médicale.

Je n'irai pas raconter ici tout ce qu'a fait la science médicale pour expliquer physiologiquement le cas de Berguille. Toutes ces expériences, faites sans le moindre succès, sont déduites dans les brochures de M. de Portets. Je me contenterai de faire connaître le résultat de l'examen fait par la commission de médecine, nommée par l'archevêché de Bordeaux, ou tout au moins officieusement par M. Martial, vicaire-général.

J'ai déjà dit que M. Miramont avait résolu de ne pas tirer Berguille de son extase, à moins que ce ne fût en présence d'une commission de médecins, et à l'archevêché de Bordeaux on paraissait du même avis. S'il le fit le 25 mai, c'est que, comme tout le monde, il la trouva dans l'état le plus alarmant. Cependant je reçois de deux personnes, s'intéressant vivement à cette question, des lettres me pressant d'envoyer à l'archevêché le rapport qui m'avait été demandé.

Je le fis à la hâte, sans ordre, et touchant à peine certains points que j'ai développés dans le chapitre précédent. Je concluais au surnaturel divin, déclarant que tant que l'autorité compétente n'aurait pas prononcé, je ne pouvais consentir à voir dans ces glorieuses manifestations le surnaturel diabolique.

Mon rapport arriva à l'archevêché le lundi 31 mai. Le lendemain, 1er juin, je reçois de Bordeaux un télégramme m'apprenant la nomination par M. Martial de la commission médicale, qui doit se réunir à Fontet le 2, et de la Réole, une lettre m'annonçant que je suis attendu à Fontet pour assister aux expériences de MM. les docteurs. Je n'avais pas de temps à perdre, et le mercredi, je devançais à la Réole les membres de la commission. Je voulus les attendre, et je fis le voyage à Fontet avec eux. C'étaient les docteurs Segay, chirurgien honoraire des hôpitaux de Bordeaux, Bulard, médecin en chef de lAsile des aliénes, et Labarthe, aussi médecin à Bordeaux ; MM. les docteurs Duprada, de la Réole, et de Lentillac, de Hure. Ils voulurent bien, et avec la meilleure grâce du monde, me permettre d'assister à leurs expériences.

Nous trouvâmes Berguille encore en extase depuis le vendredi précédent : c'était donc le sixième jour. La mission de ces docteurs était de rechercher sa maladie : il ne s'y épargnèrent pas. Ecartant donc *à priori* toute hypothèse de surnaturel, soit divin, soit diabolique, ils firent toutes les observations, toutes les expériences que pouvait leur suggérer la science médicale. Inutiles efforts. Il leur fut impossible de caractériser d'une manière précise l'état maladif du sujet, et tandis qu'ils cherchaient encore dans le répertoire de la diagnostique quelque symptôme caché, Dieu permit que l'extatique eût un ravissement. Ce fut une bonne fortune pour la science, qui redoubla d'efforts pour rappeler Berguille à son état normal. L'ammoniaque la trouva insensible, aussi bien que le frottement redoublé avec les ongles dans le creux de sa main et sur son avant-bras. La lancette elle-même, qu'on approche rapidement de ses yeux, largement ouverts, comme pour les lui crever, ne peut obtenir le moindre clignottement.

J'ai dit que ces messieurs devaient *à priori*

écarter toute hypothèse de surnaturel ; c'était
pour eux un devoir et non un parti-pris. Ils
étaient envoyés comme médecins et non comme
théologiens. Leurs expériences furent sérieuses
et ne dépassèrent pas les bornes des convenances les plus parfaites. Enfin, quand tout fut inutile pour rappeler Berguille à son état normal,
ils eurent recours au seul moyen qu'ils auraient
voulu écarter ; ils n'étaient pas d'ailleurs fâchés
d'être témoins du phénomène. Ils prient le directeur spirituel de Berguille de la faire sortir
de cet état. Aujourd'hui libre, puisqu'il est en
présence d'une commission de médecins, M. Miramont se rend à leur désir : « Berguille, au
nom de la sainte Eglise... » Il n'achève pas. La
prétendue malade se dresse sur son séant en disant ces seules paroles : « J'obéis, mon père. »
La voilà rendue à elle-même, étonnée seulement de se trouver en présence de tous ces docteurs.

Il en coûte toujours à la science médicale
d'être vaincue par le surnaturel. Quelqu'un pré-
tendit que Berguille pouvait bien entendre et
obéir à la voix qui l'appelait, alors même qu'elle
eût paru insensible à toutes les expériences.
Mais la bonne foi du sujet étant reconnue par
ces messieurs, comment expliqueront-ils que
l'extatique n'obéit à son directeur qu'autant qu'il
lui parle au nom de l'Eglise ? « Monsieur l'abbé,
me dit l'un des docteurs, si vous lui aviez parlé
comme M. le curé, elle vous aurait certainement obéi. » Non, Monsieur, et j'en fis dernière-

ment l'expérience. J'avais même une délégation du recteur ; tout fut inutile. Quelques-uns de ces messieurs comprenaient certainement la valeur de cette argumentation. Néanmoins l'épreuve ne paraît pas suffire. M. Segay cependant avoue que ce passage instantané de l'état encore inexpliqué de Berguille à l'état normal est au moins fort extraordinaire. Quoi qu'il en soit, on veut s'assurer si le sujet ne ressent pas, comme dans certaines maladies analogues, par exemple la catalepsie, les souffrances qu'elle vient d'endurer. « Souffrez-vous, Berguille ? — Non, Monsieur. — Pourriez-vous vous lever ?— Certainement. » Tout le monde sort. La toilette fut bientôt faite : on n'attendit pas cinq minutes.

A la rentrée dans la chambre, nous trouvons l'humble paysanne marchant très librement, allant s'asseoir près de la table. Après son rappel, on avait multiplié les questions ; je n'ai rapporté que les deux dernières, les autres n'étant pas de ma compétence. Mais l'on voit bien que Berguille cause très librement, et répond pertinemment aux questions que lui adresse la science. Voici celles que je comprends très-bien ; on recommence : « Souffrez-vous, Berguille ? — Non, Monsieur. — Avez-vous faim ? — Pas beaucoup. — Cependant, vous sentiriez-vous disposée à manger ? — Mais oui. »

Ceci est très important, dit M. le docteur Labarthe ; qu'on lui porte du potage. Celui de la maison n'étant pas encore prêt, on alla en cher-

cher chez le voisin, et Berguille le mangea très
bien : — « Vous paraissez d'appétit, lui dit le
docteur Segai, qui cherchait la vérité avant tout.
— O Monsieur! je trouve que ça descend bien
bas. — Ce n'est pas étonnant, réplique le docteur, puisqu'il y a cinq jours que vous n'avez
rien mangé. » Et se retournant du côté de l'assemblée : « Il faut avouer, dit-il, qu'elle trouve
bien l'expression, » et tout le monde de sourire.

Un autre docteur, trouvant que le potage,
bien que la cuiller pût y tenir debout, était de
facile déglutition, demanda qu'on lui apportât
du pain. On lui porte du pain bis, tel qu'on le
mange à la campagne ; mais le voisin compa-
tissant — et je suppose que c'est M. Sarrasin,
propriétaire de la ferme, — avait glissé, à côté
de la soupe, une aile de poulet qui parut grandement réjouir l'humble paysanne : la pauvre
Berguille n'en mange pas tous les jours. Elle
mange l'un et l'autre d'un charmant appétit, et
durant ce repas somptueux, elle s'entretient
toujours très lucidement avec les maîtres de la
science. Quand on lui demande ce qu'elle a vu
pendant l'extase de jubilation dont ils ont été
frappés, elle répond fort ingénument que tout à
l'heure elle a vu la Sainte Vierge ; mais quand
on pousse la question jusqu'à l'indiscrétion, et
que l'on veut savoir ce que la Vierge lui a dit,
elle répond avec la même simplicité qu'elle n'a
pas mission de le faire connaître.

Midi approchait, et tout le monde se retire.

Messieurs les docteurs étaient attendus chez
M. le curé ; moi, je me disposais à aller prendre mon repas dans le voisinage, quand la bonne
paysanne se hasarda pour la première fois à
m'inviter à sa table. C'était depuis longtemps
l'objet de toute mon ambition. Toute la famille
était réunie, cette famille si intéressante : Josseaume, l'heureux mari de Berguille, les deux
garçons pleins de prospérité, la ménagère Tapiotte, nièce de l'humble paysanne, et sa toute
jeune Hermance, qui a été plusieurs fois favorisée de la Vision céleste.

Le repas fut aussi gai que frugal. Je m'y prê-
tai de mon mieux. J'étais véritablement heureux, et je voyais le bonheur s'épanouir sur
tous les fronts. Voulant réparer le temps perdu
depuis cinq jours, Berguille trouva encore le secret de manger quelque peu et de faire une très
bonne contenance. Comme plusieurs fois elle
avait parlé de Mac-Mahon, et que par là même
ce nom était très-connu de l'intéressante famille, je voulus en dire un mot de mon côté ;
le voici : « Je suis convaincu que si le maréchal
nous voyait en ce moment, il envierait notre
bonheur. » Et comme la famille est loin d'être
dépourvue d'intelligence, j'ajoutai : « Mac-Mahon peut bien avoir des mets plus succulents,
une table splendide, des lambris dorés, mais,
soyez-en bien sûrs, la joie et la tranquillité ne
règnent pas dans ses festins comme à la chaumière de Berguille. »

Après le modeste dîner, je me hâtai d'aller

rejoindre MM. les membres de la commission médicale. Je les trouvai au dessert et discutant le phénomène dont ils avaient été les témoins et les expérimentateurs. La discussion la plus vive, mais aussi la plus courtoise, fut toujours entre les docteurs Segay et Duprada. J'en ai bien conservé la mémoire, mais n'ayant pas entendu le commencement de la discussion, et n'étant pas d'ailleurs compétent pour en rendre un compte exact, j'aime mieux garder le silence ; je ne dirai qu'un mot d'un seul point.

Sans nier absolument la bonne foi de Berguille, M. Duprada prétendait que son exaltation religieuse (elle n'a jamais eu ce défaut) et le milieu où elle vivait depuis que sa maladie s'était produite avec tant d'éclat, fascinée par un si grand nombre, et quelquefois par de si distingués visiteurs, le sujet pouvait trouver assez de force pour résister sciemment aux expériences qui avaient été faites. M. Segay soutenait la contradictoire, surtout en ce qui concernait l'expérience de la lancette.

En résumé, ils ne purent point caractériser la maladie que pouvait avoir le sujet ; seulement ils reconnurent qu'il y avait quelques symptômes de certaines névroses, telles que l'hystérie et la catalepsie, mais que ce n'était ni la catalepsie ni l'hystérie. Il y avait de ceci, il y avait de cela, mais ce n'était ni ceci ni cela. C'est le plus clair que je pus recueillir de cette discussion.

Convaincus que l'expérience de ce jour était

insuffisante, il fut délibéré que , pour quelque temps , Berguillo serait complétement isolée, et l'on était sûr d'ailleurs que Mlle Andrieu, qui lui est très-dévouée, se ferait un honneur de la recevoir chez elle. Cette épreuve fut réservée à Catherine Emmeric. Le docteur et libre penseur Bodde l'avait obtenue du vicaire-général de Munster. Le préfet impérial de cette ville s'y opposa fortement ; mais à la chute de Napoléon Ier, le gouvernement prussien fit procéder à une nouvelle enquète, et Catherie fut soumise à un véritable martyre. La science du docteur Bodde fut brisée bientôt après par le propre médecin du roi Frédéric - Guillaume, comme celle des Virchow et des Warlomont, au sujet de Louise Lateau , a été confondue par le docteur Lefebvre, professeur à l'Université de Louvain.

Berguille n'a pas eu la faveur de Catherine Emmerich. Elle est restée tranquille dans sa ferme, et elle y chante pendant les extases , ce qui semble présager l'issue de la phase diabolique qu'elle a victorieusement traversée. Mais pourquoi le projet de séquestration formé par la commission médicale n'a-t-il pas abouti. Je n'en connais pas le motif. Je n'aime pas à parler , (et on a pu s'en convaincre), sur de simples bruits. Mais enfin, un bruit sérieux parvenu à mes oreilles, c'est que MM. les docteurs Segay et Labarthe penchent beaucoup pour le surnaturel des manifestations de Fontet. Ce qu'il y a de certain, c'est que la commission

médicale a jugé prudent de ne pas faire de rapport sur la séance du 2 juin.

Et maintenant, à quoi bon réfuter la brochure des deux jeunes docteurs Mauriac et Verdalle, qui auraient bien voulu faire sauter du
lit l'extatique Berguille par une forte décharge
d'électricité ? Tout ce qu'ils ont pu obtenir, c'est
un léger mouvement de la main. Ils avaient
pourtant la prétention d'étouffer le surnaturel de
toutes les extases passées, présentes et futures,
sous les explications rationnelles de la *psychiâ-
trie définitivement constituée*. Du reste, ils ont
eu l'obligeance de se réfuter eux-mêmes. Voulant, au point de départ, écarter la guérison
surnaturelle de Berguille, ils insistent sur la
prétendue impuissance du docteur Béchade, de
Puybarban, à constater les vomissements *préten-
dus* de la malade (p. 13). Ils insinuent brave-
ment que ces vomissements n'existaient pas :
« Malgré ses recommandations réitérées, notre
confrère ne put jamais réussir à voir une seule
fois les matières vomies. (p. 14)

Plus tard, le système change. Berguille est
une hallucinée. Elle croit toujours voir le dia-
ble, ou sa fille morte, ou la Vierge, ou le Christ
et sa douloureuse passion. Les hallucinations se
compliquent *de phénomènes névropathiques*. Mais
ce système étant merveilleusement servi par un
ventre creux, ces messieurs ajoutent ici : « Il paraît
en effet certain que cette femme a eu une maladie
d'estomac, se traduisant par des douleurs violen-
tes et des vomissements (p. 36). A la bonne heure !

Je ne parle pas de la biographie de Berguille que ces messieurs ont empruntée, je ne sais plus à quel conte de fée ou de loup-garou. Passons.

Soyons juste; MM. les docteurs Mauriac et Verdalle ont été modestes dans leur conclusion. « Quant à la nature et au siège de la maladie, tout en restant dans une réserve que commande toujours l'*hypothèse*, *nous pensons* que la maladie consiste dans une lésion du bulbe, conjestion du centre vaso-moteur et du centre respiratoire, amenée par une congestion préalable des couches optiques. » (p. 68). Comprenez si vous pouvez. La Faculté comprendra.

A mes yeux, le plus grand tort des jeunes docteurs, c'est de n'avoir pas suivi le conseil de M. Galisson, fils du docteur renommé de Paris, et docteur lui-même, si je ne me trompe. M. Galisson eut l'avantage d'assister à leurs expériences, et de leur promettre quelques notes sur la fin de l'extase, ces messieurs étant partis dans l'intervalle. Or voici ce qu'il écrivait, le 25 octobre, dans une lettre qui m'a été communiqué par le destinataire :

« Ainsi que je l'avais promis, j'allai voir un des jeunes docteurs, afin de lui donner les renseignements qu'il m'avait prié de prendre sur la fin de l'extase. Je lui ai dit ce que j'avais constaté sur l'état physiologique de Berguille. Nous avons causé quelques minutes et je me rappelle lui avoir dit : Pour moi, l'état de Berguille me paraît appartenir au surnaturel. Croyez-moi, ne vous aventurez pas trop ; vous pourriez le regretter plus tard.

« Pour toute réponse, j'obtins un sourire significatif, et autant que je puis me le rappeler, quelques mots qui semblaient dire : oui, il y a encore des médecins qui pensent comme vous. (Je suppose que c'est une allusion aux docteurs Segay et Labarthe).

« Vous le savez, le parti était pris. Pour eux, après une heure d'examen, Berguille était malade. Que dis-je ? Berguille *devait être* malade de par les ordres de la Faculté. »

En reproduisant les notes du docteur Abel Galisson, MM. Mauriac et Verdalle ont oublié de reproduire le sage conseil qu'il leur avait donné.

IV

Conversions remarquables.

Plusieurs fois, la divine Vierge a révélé à l'extatique que Fontet servirait à la guérison des âmes, comme Lourdes sert à la guérison des corps. Mais on comprendra facilement qu'il n'est ni convenable ni possible de donner ici des noms propres et de les multiplier. Toutefois, je puis affirmer que ces conversions sont déjà fort nombreuses, et qu'à cet égard, j'ai reçu des

confidences du plus grand intérêt, particulièrement d'un personnage de distinction, jouissant
d'une grande considération sociale. Bien que
cette confidence me fût faite dans une simple
conversation, je ne m'en tiens pas moins obligé
au plus inviolable secret.

Possesseur d'une grande fortune, ébloui par
les fascinantes séductions du monde, M*** leur
avait abandonné son intelligence et son cœur.
La curiosité l'ayant amené à Fontet, il causa
longuement avec l'extatique, fut témoin de ses
visions radieuses, et dès ce jour, toutes ses illusions s'évanouirent. Son cœur blasé s'ouvrit
aux douces inspirations de la foi. Il est aujour-
d'hui un fervent chrétien, un admirateur zélé,
mais calme, des manifestations de Fontet.

Il est une autre conversion que j'ai fait connaître, l'an dernier, dans l'*Union du Sud-Ouest*.
Celle-ci fut tellement frappante, elle eut tant de
témoins, — et je fus de ce nombre, — que je
veux la rappeler ici avec un peu plus de détails.
M. le comte Estève, vers les premiers jours
du mois de décembre 1874, allait faire une visite à Fontet, où il avait déjà reçu des grâces
bien précieuses. Dans son voyage, il rencontre
un de ses compatriotes, du nom de M..., et
l'engage à venir avec lui auprès de la Voyante.
Celui-ci accueille cette proposition avec un sourire moqueur. Autant qu'il m'en souvient, il
prétexta l'intention bien arrêtée qu'il avait de
passer la soirée au théâtre de Bordeaux. M. le
comte insista avec tant de persévérance, qu'il

finit par entraîner son compagnon de voyage.
Tout à l'heure celui-ci frondait encore les pélerins de Fontet, et à peine a-t-il mis le pied sur
le seuil de la chaumière privilégiée, qu'une
grâce intérieure pénètre dans son âme, la remue profondément, et la conversion se manifeste bientôt par des actes de la plus grande
édification.

Une autre conversion fort remarquable, et
qui est encore un mystère, est celle que je racontai l'an dernier dans l'*Union du Sud-Ouest*.
La personne qui vint l'implorer n'est pas moins
mystérieuse, et si l'on n'avait pas vu son brillant équipage à Fontet, ce drame si mouve-
menté serait certainement relégué parmi les
fables ou dans les cartons des romanciers. C'est
pourtant une touchante réalité.

Le 7 du mois de février 1874, à huit heures
du soir, se présente à la ferme de Berguille une
mendiante, portant des vêtements pauvres, mais
propres, la tête couverte d'un mouchoir à la façon
espagnole. Elle demande l'hospitalité. « Comment ! à cette heure-ci, une jeune femme s'exposer
toute seule ! Et d'où venez-vous donc ? — Du
côté de Nérac. — Etes-vous mariée ? — Non.
— Quel est votre âge ? — Trente-cinq ans. »
Ces réponses ne sont pas de nature à rassurer
l'honnête famille sur la moralité de la mendiante ; on n'a pas de lit à lui donner. L'étrangère insiste ; elle sait qu'on peut la loger, et ne
demande d'ailleurs qu'un petit coin de la maison, se déclarant satisfaite pourvu qu'on ne l'o-

blige pas à coucher dehors. Et remarquez bien
que le dialogue se faisait en patois : le français
n'est pas, d'ordinaire, la langue des mendiants
du pays.

Berguille commence à se laisser attendrir.
« Eh bien, dit-elle à l'inconnue, vous coucherez
sur la paille, dans un coin de la grange ; c'est
la place réservée pour les pauvres ; nous n'avons
pas de lit à vous offrir. Nous vous donnerons
aussi, et de bon cœur, ce que nous donnons à
ceux qui vous ressemblent ; vous souperez avec
nous. »

Il y avait, ce soir-là, petite fête au logis : un
bouilli et un rôti. Le bouilli n'était pas succu-
lent. C'était l'extrêmité de ce que vulgairement,
dans le pays, on appelle un *cambot*, c'est-à-dire
la partie la plus coriace de cet animal qu'on ne
nomme jamais en style un peu relevé. Le rôti
était composé de quelques petites côtelettes du
même quadrupède.

La mendiante s'excuse ; on la presse ; elle
finit par manger un peu de potage. Elle essaie
de mordre dans la peau du *cambot* ; elle en ex-
trait quelques fragments qu'elle mâchait et re-
mâchait, sans pouvoir avaler. Bientôt après on
partageait la modeste grillade ; la mendiante
remit sur le feu la portion qui lui était échue,
et par cette double cuisson, elle en triompha
avec un peu plus de facilité. Pour la boisson, on
fut généreux : on lui donna plein un verre de
piquette : c'était le meilleur crû de l'hospitalière
famille.

Cependant, on devisait ; on interrogeait l'inconnue, car d'elle-même elle ne proférait pas une seule parole. Aussi bien comprenait-on que le patois ne lui était pas plus familier que la piquette et le *cambot*, et de temps en temps, quand l'expression lui faisait défaut, elle entremêlait quelques mots français. Les soupçons recommencent ; ils redoublent quand on aperçoit sous le vêtement grossier de l'étrangère la blancheur de ses mains et de ses pieds. « Il vaudrait mieux, lui dit Berguille, vous louer et travailler comme nous, que d'aller mendier comme vous faites, et surtout à cette heure-ci. — Que voulez-vous ? chacun son goût. — Oui, dit à son tour le fils aîné de la Voyante, vous feriez beaucoup mieux de vous louer que d'aller mendier et de coucher sur la paille. » L'étrangère rougit, et murmure tout bas : « pauvre jeune homme ! je ne suis pas autant que vous le croyez habituée à coucher sur la paille, mais que voulez-vous ? chacun son goût, et je ne veux pas me louer. »

Cette fois, l'inconnue n'avait pu maîtriser son émotion, et l'honnête famille, par caractère si peu soupçonneuse, ne pouvait s'affranchir d'une certaine perplexité.

Neuf heures et demie venaient de sonner à la pendule de la ferme ; il était temps d'aller se reposer des fatigues du jour. On conduit la mendiante à la grange, et on lui montre la paille toujours préparée pour les pauvres passants. La voilà seule. Elle se croit abandonnée de Dieu en se voyant soumise à une si rude épreuve.

Cependant, la famille tient conseil. Qui sait si l'étrange personnage n'est pas un malfaiteur déguisé! Trois minutes suffisent pour la délibération, et au nom de la famille, le fils aîné va voir ce qui se passe à la grange. L'inconnue a compris. « Jeune homme, lui dit-elle, n'est-ce pas cette vieille femme qui voit la Sainte Vierge? — Oui. — Dites-lui de ne rien craindre; j'ai bien besoin de lui parler. — Je vais la chercher. » Mais Berguille dont la conscience est si pure, ne peut encore se fier qu'à moitié au personnage mystérieux. Elle se présente accompagnée de son fils et de sa nièce. — « C'est vous, pauvre femme, qui êtes favorisée des révélations de la Vierge? — Oui, c'est moi-même. — Ah! mon Dieu, il y a si longtemps que j'attends d'elle une grande grâce, et elle paraît sourde à mes prières! » En disant ces mots, elle cache son visage dans ses mains pour dérober les larmes qui coulent de ses yeux; et bientôt, reprenant son discours : « Berguille, je vous en supplie, Berguille, venez à mon aide. Priez-la bonne Vierge de m'accorder la grâce que je lui demande.

Ces paroles, prononcées avec un accent qui partait du fond du cœur, ont touché la Voyante et dessillé ses yeux. Elle ne comprend pas le mystère, mais elle comprend très-bien que l'étrangère n'est pas une vagabonde, et lui promet d'intéresser la Vierge en sa faveur, à la prochaine apparition. « Pauvre femme, lui dit-elle, vous n'avez pas de chausses; nous sommes pauvres aussi, mais n'importe, je vais vous donner les miennes. »

« Non, non, répond l'inconnue, j'ai tout ce qu'il me faut. Laissez-moi seulement vous remercier de votre hospitalité, et permettez-moi de vous souhaiter le bonsoir; car je partirai cette nuit, après quelques heures de repos. Toutefois, ne fermez pas entièrement la porte de la grange, pour que je puisse m'en aller sans troubler votre sommeil. »

L'émotion de la mendiante est passée tout entière dans le cœur des honnêtes fermiers. Vainement on cherche à la retenir; vainement lui représente-t-on les dangers de la nuit et la difficulté des chemins, qui ne lui sont pas accoutumés : elle répond qu'elle a pourvu à tout. Elle dit un dernier adieu à l'intéressante famille, et se jette sur la paille, préparée pour les indigents. Vers minuit, l'inconnue avait pris le chemin d'un sanctuaire vénéré.

Un mois n'est pas encore écoulé, et la Voyante était favorisée d'une apparition particulière. C'était le 2 mars, vers cinq heures et demie du matin.

La Vierge dit à Berguille que les habits grossiers de cette inconnue cachaient une grande dame, madame la comtesse de..., demeurant à... (c'est le secret de la Voyante); qu'au sortir de la ferme elle s'était acheminée, nu-pieds, vers le sanctuaire de Verdelais, accompagnée de ses gens, qui l'attendaient en un lieu convenu.

Touchée d'une démarche qui rappelle l'héroïsme des temps anciens, la Consolatrice des affligés avait accordé à la prétendue mendiante la grâce qu'elle sollicitait : c'était une éclatante conversion. La Vierge dit encore à Berguille que cette grande dame était allée précédemment à Fontet pour implorer cette faveur ; qu'elle y était revenue en action de grâces, mais toujours sans se faire connaître ; qu'elle y reviendrait encore, et que ce mystère serait un jour dévoilé pour la gloire de Dieu et pour l'édification de ses fidèles serviteurs.

V

Guérisons miraculeuses.

MADELEINE PALANQUE, DE SAINT-JEAN DE DURAS

(Lot-et-Garonne.)

Si la guérison des corps est l'objet de la dévotion de Lourdes, il n'en est pas moins vrai que plusieurs pélerins y ont trouvé leur conversion. De même, à Fontet, la guérison des corps se mêle à celle des âmes. La guérison surnaturelle de l'extatique elle-même est le principal fondement et se trouve à l'origine des glorieuses manifestations. La guérison de Madeleine Palanque, dans les circonstances où elle s'est produite, paraîtra à tout le moins extra-naturelle. Cette femme ne manque ni d'intelligence ni de piété ; mais sa piété n'a rien que de simple et de naturel.

Par suite de ses couches, il y a quelques années, elle fut en proie à une maladie nerveuse, dont elle ressentait plusieurs fois par jour des crises terribles, avec des spasmes et des gonflements de côté qui ne lui laissaient aucun repos. D'une faiblesse extrême, amaigrie par la douleur, elle était dans l'impossibilité de se livrer à aucune espèce de travail. Traitée d'abord pour une maladie de matrice, ses médecins finirent par croire qu'ils se trompaient. Ils essayèrent d'autres moyens thérapeutiques, qui ne réussirent pas mieux que les premiers.

« Enfin, » m'écrit M. le curé de Soumensac, qui dessert pour le moment la petite paroisse de Saint-Jean, « ses médecins étant impuissants à la soulager, avaient fini par abandonner la malade, avouant qu'il n'y avait aucun espoir de guérison. Alors elle se décida à aller trouver près de Verdelais un prétendu devin, mais un devin savant, faisant de la médecine à l'aide du spiritisme. Celui-ci lui dit qu'elle avait trois ou quatre maladies réunies, et que la guérison serait bien lente à venir. Les remèdes qu'il a indiqués n'ont pas été employés.

« En revenant, elle s'arrête chez un de ses cousins à la Réole, et de là, se dirige vers Fontet, où elle se traîne comme elle peut, suspendue aux bras de son mari.....»

Succombant à la fatigue, Madeleine est contrainte de faire un grand nombre de haltes, et arrive enfin exténuée et respirant à peine auprès de la Voyante. C'était le 15 août, jour de l'Assomption de la très-sainte Vierge. Berguille a déjà reconnu la grande foi de cette femme, et l'accueille avec cette grande charité qui la distingue. Après un long entretien, elle lui promet de la recommander à la céleste Apparition. Elle ne se manifesta que le soir vers huit heures. La Vierge confirma la Voyante dans la pensée qu'elle avait eue de la grande foi de la pauvre malade. Elle promet de la guérir, à la condition qu'elle fera une neuvaine et qu'elle priera beaucoup. Mais elle fait à Berguille une révélation qu'elle doit communiquer à Madeleine ; et si celle-ci la reçoit comme il convient à une femme croyante et pieuse, elle recevra bientôt sa guérison.

Madeleine avait eu recours au spirite, qu'elle croyait aussi un véritable médecin, car on racontait de lui des cures surprenantes, et elle ignorait les accidents survenus à d'autres, par suite des conseils qu'ils avaient reçus du docteur improvisé. C'était donc moins la superstition que la force de son mal qui l'avait conduite auprès de ce devin. Toutefois elle aurait dû concevoir au moins des doutes sérieux quand celui-ci lui ordonna de porter sur sa poitrine un charme ou talisman dans une enveloppe de papier, et lui prescrivit certains remèdes simples. Le charme, elle le plaça sur sa poitrine, et si je ne me trompe, elle en eut quelque syndérèse de conscience, et prit la résolution d'aller à Fontet, avant même qu'elle n'arrivât chez son cousin de la Réole.

Revenue de son extase, Berguille fait à la pauvre malade les recommandations de la céleste Apparition, et lui promet la guérison prochaine ; mais aussi au nom de l'Apparition, elle lui dit d'un ton sérieux : « Il faut que vous soyez tout entière à Dieu ou au démon. » Madeleine rougit, et comprit alors toute la gravité de la faute qu'elle avait commise, mais qui trouvait une grande excuse dans sa bonne foi et dans les tourments incessants qu'elle endurait. Les larmes lui venaient aux yeux, et le repentir dans son âme : sa guérison était assurée. Berguille la console, et lui donne un témoignage de son affection. C'était une médaille touchée et bénite par la céleste Apparition : talisman divin qui a opéré bien des prodiges.

Le moment du départ est arrivé, et la malade est presque mourante, car après des fatigues si intolérables, elle avait éprouvé, dans la chambre même de l'extatique, une attaque formidable : c'était la dernière. Une dame charitable lui offre une place dans une voiture d'occasion; elle y monte avec peine, mais consolée et déjà plus forte. Arrivée près du ruisseau qui alimente le lavoir, elle jette avec dédain le charme du spirite, et met à sa place le talisman divin.

Au nom de celui qui l'inspire, le devin, m'a-t-on assuré, s'était flatté d'aller, un vendredi, chez l'extatique, et d'empêcher la manifestation de ce jour. Mais craignant sans doute de succomber dans la lutte, il renonça à son projet.

Cependant tout mal avait disparu, et la santé de Madeleine s'affermissait de jour en jour. Après un mois d'épreuve, quand elle eut l'assurance d'une parfaite guérison, elle revint à Fontet en action de grâces. Elle s'y trouva le même jour que l'aveugle de Bourdelles dont je parlerai tout à l'heure. Le même sentiment les y avait amenés. A la Réole, elle acheta un de ces grands et magnifiques cierges préparés pour la première communion des enfants, et vint l'offrir à la Vierge, Salut des infirmes. Mais cette fois, elle y arriva d'un pas sûr, et le front rayonnant de santé. Elle voulut donner un témoignage public du grand bienfait qu'elle avait reçu du Ciel par l'entremise de la Voyante. Voici sa déclaration :

« Je déclare que j'étais atteinte depuis cinq ans d'une maladie nerveuse qui a toujours résisté à tous les traitements. J'avais des spasmes et des gonflements de côté qui me donnaient des crises terribles. Je suis venue à Fontet le 15 août. Berguille m'a dit de beaucoup prier, de faire une neuvaine, et que je serais guérie dans cet intervalle.

« Aujourd'hui, 17 septembre, je reviens à Fontet remercier la Sainte Vierge ; car je

:suis complétement rétablie depuis cette époque.»

Signé : « MADELEINE PALANQUE ,

de Saint-Jean de Duras. »

M. Castel, demeurant au petit hameau de Lasserre , celui dont M. de Portets a raconté la merveilleuse guérison, voulut aussi donner son certificat: « Je soussigné , déclare avoir été atteint d'une maladie de peau (dartre cancéreuse) depuis plus de vingt ans , et que plusieurs médecins ne m'ont su indiquer des remèdes pour obtenir ma guérison , et que , par l'intermédiaire de Berguille, j'ai obtenu une guérison parfaite. Je déclare n'avoir pas eu le moindre symptôme de ce mal, depuis le mois de juillet 1874.

« Fait à Fontet , le 17 septembre 1875. »

Signé : « CASTEL. »

Je rapporterai plus bas le certificat que donna, le même jour, l'aveugle de Bourdelles.

De son côté, M. le curé de Soumensac, m'écrivait le 16 octobre : « Madeleine a repris ses forces; son visage a perdu sa maigreur, et possède un air de santé qu'il n'avait pas eu depuis longtemps ; au point que dimanche dernier tout le monde la complimentait, et moi-même je n'ai pu m'empêcher de pousser une exclamation de joie en la voyant. Berguille lui avait recommandé de me tout raconter, et sur mon avis, elle n'a rien dit au public, pour ne pas provoquer les railleries impies des incrédules... Madeleine est une brave femme, s'il en fut jamais, et fort intelligente. »

L'AVEUGLE DE BOURDELLES

Bourdelles est le chef-lieu d'une petite commune de ce nom, située près de la Réole, sur la rive droite de la Garonne, presque en face de la ferme de la Voyante. C'ést là qu'habite l'humble villageois du nom de Pierre De'as, qui eut le malheur de perdre la vue, il y a six ou sept ans, par suite d'une double amaurose. Après un an de traitements, tous les moyens thérapeutiques furent reconnus impuissants. Toutefois, Delas voulait encore conserver quelques espérances. Accompagné de son beau-frère, il alla plusieurs fois consulter M. Guépin, célèbre oculiste de Bordeaux. Celui-ci finit par lui déclarer l'inutilité de ses démarches. Il ne fut pas plus heureux auprès de M. Méyer, oculiste de Paris, qu'il vint aussi consulter à Bordeaux. Voisin de l'indigence, il était parfois contraint de mendier son pain. Son fils étant encore trop jeune pour le conduire, ce soin fut accepté par un jeune homme de la contrée, et son médecin lui délivra un certificat de cécité complète.

Cependant le fils de l'aveugle grandissait de jour en jour, et dès l'âge de quatre ans, il fut en état de conduire son père ; mais le premier certificat étant usé, M. le docteur Duprada, médecin à la Réole, et dont j'ai déjà parlé, en délivra un second de la teneur suivante :

« Je soussigné, certifie que le sieur Delas Pierre, âgé de 38 ans, est atteint de *cécité com-*

plète, suite d'amaurose. Le sieur Delas est marié et père de trois enfants ; en foi de quoi j'ai donné le présent certificat.

« La Réole, le 30 décembre 1872.

« Dʳ DUPRADA.

« Vu à Bourdelles.

« *Le Maire* : PAULY. »

(Sceau de la Mairie).

Comme on le voit, il ne manque rien pour attester la cécité amaurotique et complète de l'infirme. N'ayant plus rien à attendre du côté de la médecine, Delas se jeta entre les mains de Dieu et de la divine Vierge. Il fit plusieurs pélerinages, et particulièrement ceux de Lorette, de Verdelais, de Lourdes, mais toujours en vain. L'auguste Reine des anges se réservait le lieu et le jour de sa guérison.

L'incrédulité moderne pousse loin les choses : elle les pousse beaucoup trop loi au sujet des manifestations de Fontet. Les sarcarmes, quand ce n'est pas l'outrage, accablent l'humble Voyante, qui est loin de s'en plaindre, et ces sarcasmes tombèrent sur l'aveugle lui-même, quand il prit le parti de se tourner vers Dieu. « Puisque la Vierge de Lourdes, de Lorette et de Verdelais ne t'écoute pas, va trouver la Vierge de Fontet, et dis à Berguille de te guérir. »

Un jour, c'était au mois de mai dernier, conseillé par une personne de sa connaissance, il prend en effet, la résolution d'aller implorer la Vierge de Fontet. C'était vers le soir, et il allait se reposer des fatigues du jour. Le repos, il le trouva, mais la nuit fut passée sans sommeil. Sa pensée ne pouvait se séparer de son projet.

Il partit le lendemain matin, guidé par son fils, qui le conduisait à l'aide d'un bâton. Il arrive à la ferme, et prie Berguille de le recommander à l'Apparition. La Voyante, dont l'intuition est quelquefois si remarquable, comprit les bonnes dispositions de l'aveugle. Elle l'encourage, lui recommande d'avoir une grande confiance et de prier beaucoup, lui promettant de le recommander à la très-sainte Vierge.

L'aveugle eut beaucoup de confiance et pria beaucoup.

Il revint à la ferme au mois de juillet, et au nom de la céleste Apparition, Berguille lui dit qu'elle avait promis de le guérir, lui recommandant de nouveau une grande confiance et beaucoup de persévérance dans la prière. La divine Vierge permit à l'aveugle, et dans la chambre même de la Voyante, d'entrevoir une certaine lueur douteuse, lueur vacillante. Ce n'est pas le jour, mais c'est le commencement du prodige. L'infortuné ne distingue pas les objets, et ne peut se passer de son guide. Il ne s'en retourne pas moins avec le ferme espoir d'être bientôt guéri. Il ne demande pas une guérison complète, mais seulement de pouvoir se conduire sans un secours étranger. Ses prières redoublent avec sa confiance.

Ce fut le vendredi, 23 juillet, que la céleste Apparition promit, pour le onzième jour, la guérison de l'intéressant infirme, et demanda une neuvaine à cette intention. Quelques croyants seulement furent initiés au secret. Je fus de ce nombre, et je me fis un devoir de participer à la neuvaine. Le onzième jour était le 2 août, jour consacré à Notre-Dame des anges, et il ne faut pas oublier que c'est sous ce vocable que la divine Vierge veut être invoquée et honorée à Fontet.

Je me rendis auprès de la Voyante le vendredi suivant, 30 juillet. J'eus la consolation d'y rencontrer entre autres personnes trois Espagnols proscrits, dont l'un était prêtre, chanoine de la cathédrale de Lugo, en Galice; un autre, professeur de philosophie dans quelque université ou grand collége. Il m'apprit que ce chanoine était un grand théologien.

Vers la fin de l'extase, Berguille prononça ces paroles, qui furent parfaitement entendues, et recueillies par celui qui était préposé à cet effet : « Notre-Dame de Fontet, ô Reine immaculée des anges ! vous qui rendez la vue aux aveugles et le mouvement aux paralytiques, oh! oui, pour ce quatrième jour, pour votre plus grande gloire ! » Et tandis que ceux qui n'étaient pas au courant se regardaient et semblaient m'interroger de leur regard. « Pour moi, leur répondis-je, je comprends très-bien. Il s'agit d'un aveugle pour lequel on fait une neuvaine.

Quelques personnes bien intentionnées regrettèrent vivement qu'après l'apparition, Berguille parlât avec tant d'assurance de cette guérison à jour fixé. Pour ma part j'étais sans la moindre sollicitude. De son côté, le jeune homme qui avait guidé l'aveugle les deux premières années de sa cécité, et qui était si prévenu contre les apparitions, déclara ouvertement qu'il connaissait trop bien l'infirmité complète de Delas pour ne pas croire, s'il venait à recouvrer la vue. M. le curé de Fontet, à qui j'en parlai également, et qui ne pouvait manquer de connaître l'aveugle, m'affirma de son côté que si Delas venait à recouvrer la vue, on serait bien forcé de croire aux apparitions.

D'un autre côté, le professeur de philosophie, avec lequel je m'étais longuement entretenu, parce qu'il parlait bien le français, ne tardait pas à m'écrire : « L'impression que j'ai tirée de chez la Voyante de Fontet a été tout-à-fait favorable au fait de la divine Apparition. J'ai vu, j'ai touché la simplicité, l'innocence, la candeur, la véracité de la pauvre Berguille (il s'était entretenu avec elle avant l'extase). Je puis dire aussi en quelque façon que j'ai senti l'Apparition. Mais quand on entendait dire : *demonium habet* (tous n'étaient pas croyants), on restait pétrifié, et l'on demandait à Dieu l'accomplissement du miracle de la guérison de l'aveugle, pour sa gloire, et pour l'honneur de la pauvre Berguille.

« Chemin faisant de la Réole à Fontet, quelqu'un nous dit de rester jusqu'au lundi pour voir l'accomplissement du miracle qui était prédit de la guérison de l'aveugle. Et après, quand nous sommes sortis de chez Berguille pour retourner à Bordeaux, M. le chanoine de Lugo me dit : « Si le miracle s'opère, je serai le premier » à proclamer le fait miraculeux de l'Appari- » tion , car ce serait un double miracle : la » guérison, et l'accomplissement de l'annonce » de la guérison. »

Signé : « YSIDRO ORTYS URRUELA. »

Enfin, le dimanche 1er août, obéissant au dé- sir de M. Martial, vicaire-général à Bordeaux, Ber- guille se rendait auprès de lui à Verdelais, et lui annonçait la guérison de l'aveugle pour le len- demain. M. Martial fut ému de cette révélation, et accueillit l'extatique avec la plus grande bien- veillance.

En vérité, quand on aurait accumulé les cir- constances les plus propres à faire ressortir la valeur du prodige annoncé on n'aurait pas mieux choisi.

Enfin arriva le jour consacré à Notre-Dame des anges, et l'on comprendra que l'aveugle ne manqua pas à l'appel. Il arrive le matin, guidé par son jeune fils, et se prépare par la confes- sion et par la sainte communion à la grande fa- veur qu'il était venu solliciter. Tout le monde est dans une religieuse anxiété. Enfin le mo- ment est venu. Delas s'agenouille aveugle aux pieds de la table sainte, et à peine l'hostie est déposée sur ses lèvres, il se relève favorisé de la clarté du jour. Mais sortant d'une si longue et si profonde obscurité, la lumière lui vient peu à peu ; il reconnaît parfaitement les Frères de l'École chrétienne, et quand l'action de grâ-

ces est terminée, il sort de l'église, s'approche
d'un groupe de personnes qu'il distingue parfaitement et s'écrie : « Ah ! mon Dieu ! il me
semble que je suis dans un autre monde. Eh !
mais je vois toujours davantage. Voilà une
croix. » On était au cimetière ; il s'approche
d'une tombe et lit devant tout le monde qui est
en admiration, l'inscription funèbre qui la décore. Dans la joie qui le transporte, il déclare
hautement n'avoir pas besoin de guide.

A ce moment, Berguille sortait de l'Eglise,
et de tous les témoins du phénomène, elle fut
la plus calme. Sa modestie si connue ne se dé-
mentit pas. Elle se considéra ouvertement comme
étrangère à la merveilleuse guérison qui venait
de s'opérer, et voulut qu'on en rapportât toute
la gloire à la Reine des anges. On s'attendait à
la voir éclater par des transports de joie. Son
calme inaltérable, qui n'avait rien d'apprêté,
affermit les croyants, et convertit quelques tièdes.

Cependant, on chemine vers la ferme privilégiée, et tous veulent rendre des actions de
grâces à la Vierge de Fontet. L'aveugle guéri,
marchant seul, d'un pas ferme, se plaît à nom-
mer tous les objets qu'il rencontre sur sa route ;
mais de temps en temps, l'émotion le gagne, et
les bras croisés sur sa poitrine, il verse des larmes avec des sanglots. Enfin on arrive à la
ferme, où l'on voit accourir tous ceux du voisinage, car le prodige s'était répandu comme
un éclair dans la contrée. Au signal de la
Voyante, tout le monde tombe à genoux, et

avec le plus grand recueillement, avec la plus vive émotion, on récite les Litanies de Notre-Dame des anges. Delas, à son tour, veut personnellement payer son tribut de reconnaissance au Salut des infirmes, à la Consolatrice des affligés. Il veut lui adresser une prière qu'il avait coutume de réciter durant sa longue nuit. Mais à peine a-t-il commencé, que ses sanglots et ses larmes étouffent encore sa voix, et le fils mêle ses pleurs aux larmes de son père. Quelle scène émouvante, et que d'ineffables consolations !

Peu à peu, l'émotion s'apaise ; le miraculé se relève, jette un regard attendri sur tous ceux qui l'entourent, sur les tableaux qui décorent la chapelle rustique. Il les distingue parfaitement, et comprend très-bien que la Vierge a dépassé ses espérances. Non-seulement il n'a pas besoin de guide, mais il peut lire dans un journal qu'on lui présente, et jetant les yeux sur la pendule de la ferme, il dit tout haut : « Huit heures trente-cinq minutes. » Huit heures trente-cinq minutes, 2 août 1875, jour de Notre-Dame des anges ! Voilà une fête, une date, une heure que l'aveugle de Bourdelles et les témoins de sa merveilleuse guérison n'oublieront jamais.

Le jeune Laclaveline ayant invité Delas à déjeûner, celui-ci, encore sous l'impression de la communion eucharistique qui lui a rendu la lumière du jour, répond à cette invitation par ces paroles remarquables pour un homme de sa condition, paroles qui expriment si bien les ardeurs de sa foi, et qui affirment si naïvement, après la divine Vierge, le véritable auteur de sa guérison. Je cite textuellement : « Ce que j'ai pris ce matin est bien peu de chose comme nourriture, mais il faut croire que c'est bien bon, et que ça fait beaucoup de bien et à l'âme et au corps. »

Un théologien distingué, de l'ordre de saint Dominique, m'écrivait après le premier janvier, alors que la cause de Fontet paraissait complètement perdue à ceux qui ne pouvaient pas se rendre un compte exact de la situation, et que lui-même la croyait gravement compromise : « Je demeure toujours convaincu que le surnaturel divin se trouve à l'origine des phénomènes qui se sont produits à Fontet. Il faudrait, pour éliminer cet élément divin, établir que Berguille dès le début, et pour le fait extraordinaire de sa maladie et de sa guérison soudaine, a joué une indigne comédie, — ce que je regarde comme invraisemblable, et en contradiction d'ailleurs avec le témoignage rendu à sa droiture, — ou bien que Dieu a mis au service du démon l'eau de Lourdes et la sainte Eucharistie, ce qui est absurde et blasphématoire.»

Que dirait donc le disciple de saint Thomas, s'il connaissait les circonstances si remarquables dans lesquelles a été guéri l'aveugle de Bourdelles ?

Le vendredi suivant, la reconnaissance amenait encore le miraculé auprès de Berguille et de l'Apparition. Il eut à souffrir, comme il avait

souffert, la veille, de certaines obsessions ten-
dant à lui faire diminuer l'importance de sa guérison : ce fut inutile. Il déclara fermement que
s'il y avait eu un commencement de guérison
avant le 2 août, ce n'était que du moment où il
était venu se recommander à la très-sainte
Vierge, et par l'entremise de Berguille. Il déclara avec l'accent de la plus profonde conviction qu'il attribuait à la Vierge de Fontet le
bonheur d'avoir recouvré la vue, que sa vue se
fortifiait de jour en jour, et que lors même
qu'elle ne ferait plus de nouveaux progrès, il
n'en restait pas moins convaincu que ses vœux
avaient été dépassés.

Un mois et demi s'était écoulé, et Delas venait
de temps en temps à Fontet, craignant toujours
de ne pas être assez reconnaissant envers sa céleste bienfaitrice. Il s'y trouva le 17 septembre
avec les autres favorisés de guérison. Ils firent
chacun leur déclaration écrite. Voici celle de
Delas :

« Je déclare qu'après les soins de plusieurs
médecins, qui ont toujours resté infructueux,
je me suis adressé à Berguille, pour obtenir ma
guérison. Après la communion que j'ai faite le
2 août à Fontet, la vue m'est revenue peu à
peu, et va toujours en augmentant. Il y avait 6
ans que je ne faisais aucun remède, devant
l'assurance que me donnaient tous les oculistes
que je n'avais aucun espoir de guérison. »

Delas écrit difficilement. Une personne de sa
confiance ayant écrit cette déclaration, il l'ap-

prouva de sa propre main : « J'approuve cette déclaration comme exacte. »

« Fontet, le 17 septembre 1875. »

Signé : « DELAS, *ex-aveugle.* »

Me trouvant à Fontet vers la fin du mois d'octobre, je manifestai le désir d'interroger Delas, et de m'assurer par moi-même de la vérité de tout ce que l'on racontait. On l'avertit de mon intention. Il y avait alors grande fête à Hure ; il voulut en être témoin, et c'est de là qu'il vint à Fontet au rendez-vous que je lui avais donné. A peine introduit en ma présence, je le priai de me dire tout ce qu'il savait de son infirmité et de sa guérison. Se souvenant de la contrainte qu'on lui avait faite pour atténuer le miracle, il me regarde avec une certaine défiance, et tout en s'excusant, il me prie de lui dire qui je suis. Je souris à cette réserve qui me convient ; il comprend bientôt qu'il est en présence d'un ami de Fontet, et commence son récit.

Delas n'a pas la parole facile, mais elle est empreinte d'une grande sincérité, et tout ce que j'ai raconté le concernant directement, c'est de lui-même que je l'ai recueilli. La conversation ne dura pas moins d'une heure. Avant de le congédier, je voulus savoir de lui s'il était bien vrai que le jour même de sa guérison il eût aperçu de petits oiseaux perchés sur des arbres, et qu'il en eût désigné l'espèce. Il me répondit que c'était parfaitement vrai, et en présence de plusieurs témoins. Enfin je le fis lire en ma présence. Il ne lisait pas très couramment avant sa cécité ; je n'en pouvais demander davantage après sa guérison ; mais il m'indiquait du doigt, en les nommant, les points microscopiques.

Pour les hommes réfléchis et sérieux, il y a dans la guérison de l'aveugle de Bourdelles les circonstances les plus probantes en faveur du surnaturel divin. Il y aurait manqué quelque chose si le démon n'avait pas rugi. Il l'a fait par la bouche de tant d'aveugles qui s'obstinent à fermer les yeux à la lumière du jour. Il y a même des libres-penseurs qui ont frémi à l'aspect du prodige qu'ils auraient voulu anéantir, comme les scribes et les pharisiens frémirent à la guérison de l'aveugle de l'Evangile. Les voisins de celui-ci et ceux qui l'avaient vu mendier disaient : n'est-ce pas là celui qui était assis et qui demandait l'aumône. Les uns répondaient : c'est lui. D'autres, ne pouvant croire au miracle, disaient : non, c'est quelqu'un qui lui ressemble. Non, non, répondait l'aveugle, c'est moi-même. Alors on le conduit aux docteurs de la loi, qu'il confond par la simplicité de ses réponses. Les docteurs se divisent entre eux ; ils ne s'accordent que sur un point : cet homme n'était pas aveugle, et il n'a pu recouvrer la vue. Ils interrogent ses parents ; ses parents répondent que leur fils est assez âgé, et qu'il pourra répondre lui-même.

L'ayant fait venir une seconde fois devant eux : cet homme que tu prétends t'avoir guéri,

et que tu dis être un prophète, n'est qu'un pécheur. — S'il est un pécheur, je n'en sais rien.
Tout ce que je sais, c'est que j'étais aveugle et
que je vois maintenant. La colère finit par remplacer les arguments des juifs, qui le chassent
de la synagogue en l'accablant d'injures ; mais
celui qui l'avait guéri le rencontre et le console.
(JEAN, IX).

La Harpe, après sa remarquable conversion,
rapporte l'histoire de cet aveugle dans son *Apo-
logie de la religion*. Il termine ce passage par ce
magnifique sentiment · « Et moi aussi, j'étais
aveugle, non pas de naissance, mais d'orgueil,
ce qui est bien pis, et vous avez eu pitié de
moi, mon Dieu, et vous m'avez ouvert les yeux.
Ne permettez-pas, je vous en conjure, qu'ils se
referment jamais après avoir vu votre lumière,
ni que les malédictions de l'impiété ferment jamais ma bouche, après que vous lui avez permis de vous confesser, tout indigne qu'elle en
fût toujours. »

Vous qui ne croyez pas au surnaturel divin
de Fontet, demandez à l'aveugle de Bourdelles
si c'est une cataleptique, une hystérique, le démon ou la Sainte Vierge qui l'a guéri, il ne balancera pas comme l'aveugle de l'Evangile. Mais
si vous épiloguez sur le plus ou moins de clarté
qui brille à ses yeux, comme l'aveugle de l'Evangile, il vous répondra : « tout ce que je sais,
c'est que j'étais aveugle, et que je vois maintenant. »

VI

Correspondance de Berguille.

Avant de faire connaître les derniers prodiges
qui viennent de jeter un si vif éclat sur les manifestations de Fontet, il ne sera pas hors de
propos de jeter un coup d'œil sur la correspondance de Berguille. Aussi bien y trouverons-
nous un exemple frappant qui pourra donner à
réfléchir aux détracteurs du miraculé de Bourdelles.

Berguille ne sait pas écrire, mais elle reçoit
beaucoup de lettres, et répond, quand il y a
lieu, par intermédiaire. Elle brûle celles qu'on
lui dit de brûler, ne communique point les secrètes, mais seulement, et avec une extrême
réserve, celles qui n'ont pas un caractère absolument confidentiel. Parmi ces dernières, j'en
ai remarqué de diverses contrées de la France
et de l'Europe, et même d'Amérique. Il y en
avait de la Belgique, de l'Irlande, de la Suisse,
de l'Allemagne, de la Prusse proprement dite.
Ces dernières étaient datées de Francfort, de
Munster et de Charlottenbourg.

Celles de Belgique proviennent d'un Polonais,
qui vint, l'an dernier, faire un pèlerinage à Fontet. Il y passa une quinzaine de jours, étonnant
par sa piété autant que par la grandeur de son

caractère. C'était Stanislas Abramowicz, petit-
fils du général de ce nom, très-connu dans son
infortunée patrie. Quand le malheur eut brisé son
épée, des ornements qui la décoraient, le général fit faire plusieurs bagues, qu'il distribua aux
membres de sa famille. Héritier d'une de ces
bagues, Stanislas la conservait comme une reli-
que précieuse. Fortement impressionné des extases de Berguille, il profita du moment où on
lui présentait certains objets pour les faire bénir
par l'Apparition, et se hasarda à lui mettre sa
bague dans la main. L'extatique la saisit avec
cet empressement qu'elle témoigne pour certains objets privilégiés, qu'elle ignore pourtant,
et qu'elle ne peut reconnaître que par des
moyens surnaturels. Elle présenta cette bague
à la Vierge avec tant de complaisance, que l'en-
fant de la Pologne en ressentit une vive émotion. Son émotion grandit encore lorsque, après
l'extase, Berguille lui dit qu'il avait là une bague bien précieuse, et que la divine Vierge y
avait attaché beaucoup de grâces.

Stanislas Abramowicz s'en retourna pleine-
ment convaincu du surnaturel divin des manifestations de Fontet, mais le cœur brisé par l'indifférence et la désolante incrédulité qu'il avait
rencontrée parmi les habitants du pays. De retour à Bruxelles, il apprend un terrible châti-
ment survenu à un jeune étudiant qui avait eu
l'impiété de parodier les miracles de Lourdes.
Dans l'espérance que cet exemple, qui avait ému
la Belgique, pourrait servir de leçon aux mo-

queurs des miracles de Fontet, il écrivit, le 10 novembre 1874, la lettre suivante à l'extatistique :

« Madame Berguille ,

» Je vais vous communiquer un fait qui vous intéressera beaucoup. C'est un fait récent, et on en parle dans toute la Belgique. Près de Gand, ville de deux cent mille habitants, il y a une localité qui a une grande ressemblance avec celle de Lourdes. La propriétaire de cet endroit, dame pieuse, y a fait tout arranger comme à Lourdes. La population a commencé à y courir pour prier, et la Sainte Vierge a approuvé cette dévotion par plusieurs miracles éclatants. Les journaux libérâtres s'en moquaient comme d'habitude.

« Il y a peu de temps, quelques étudiants de l'université de Gand ont voulu y jouer une farce pour se moquer des miracles. Un d'eux a pris le rôle d'aveugle, ayant un bandeau sur les yeux. Entouré de ses camarades, à genoux devant la grotte, il priait à haute voix la Sainte Vierge de lui rendre la vue. Il était convenu qu'après avoir ôté le bandeau, il dirait qu'il y voit, qu'il est guéri miraculeusement, que l'on crierait au miracle, et qu'après on s'en moquerait. Ces jeunes étourdis caressaient le plan qu'ils avaient conçu ; mais, hélas ! il arriva tout autre chose.

« Après l'hypocrite sacrilége de ce jeune homme, ses camarades lui ôtent le bandeau qui couvre ses yeux ; mais au lieu de crier ironiquement qu'il a recouvré la vue, il pousse un

cri de désespoir. Le malheureux ! il est devenu
tout-à-fait aveugle. Le médecin chez qui on l'a
mené a déclaré qu'il a perdu la vue, et qu'il n'y
a pas moyen de le guérir.....»

Signé : « STANISLAS ABRAMOWICZ. »

Le 13 janvier suivant, il écrivait au jeune
Laclavetine : « Le jeune homme qui a perdu la
vue à la grotte dite de Lourdes, près de Gand,
a ressenti d'affreuses douleurs aux yeux, et
après quelques semaines de souffrances, le
malheureux est mort en blasphémant. »

Incrédules et libres penseurs, ne vous mo-
quez pas de celui qui fut l'aveugle de Bourdelles !

La Prusse, oui, la Prusse surtout a fourni son
contingent à la correspondance de notre extatique ; je pourrais dire de notre stigmatisée. Sans
être très-apparents, les stigmates ont été d'abord
suffisamment aperçus ; mais plus heureuse que
Catherine Emmerich, Berguille a obtenu de
son Dieu que les stigmates ne parussent plus :
ils n'en sont que plus douloureux. Parlons de
la correspondance prussienne.

L'an dernier, il y avait encore à l'académie
de Munster, en la province de Westphalie, un
professeur fort distingué, du nom de Rohling. Il
professait en même temps au séminaire de cette
ville épiscopale, où il avait son logement. Jeune
encore, il a jeté beaucoup d'éclat par des ou-
vrages fort distingués. Celui qui eut le plus de
retentissement porte pour titre : *Le Juif du
Talmud*, et il écrasa la synagogue sous la force
de sa dialectique. Deux fois, comme M. Henri

Lasserre, l'auteur offrit publiquement mille thalers à celui qui réfuterait son livre. Il trouva des insulteurs, mais son livre resta debout. Les libres penseurs ne le lui pardonnèrent pas plus que les Juifs.

Le docteur Rohling fit aussi de savants commentaires sur l'Ecriture sainte, particulièrement sur les psaumes et sur les Evangiles. Par ces derniers commentaires, il se heurta à son ancien maître, le docteur Bisping, de la même académie, lequel avait aussi commenté le Nouveau-Testament. Rohling avait pour prénoms Jean-Baptiste-Auguste, J. B. A. R., et c'est sous ces sigles réunis, Jbar, qu'il publia ses derniers commentaires, qui furent aussi très-estimés. Son maître en éprouva quelque jalousie.

Le docteur Rohling fit aussi une course à Bois-d'Haine, et publia, après le docteur Lefebvre, de l'université de Louvain, ses considérations sur Louise Lateau. Voici le commencement de sa préface : « C'est un auguste miracle dont je vais exposer les faits dans cette brochure. C'est pourquoi je m'adresse aux catholiques, aux protestants et aux juifs. » Le docteur Virchow, de l'académie de Berlin, en parla devant une assemblée de protestants et de juifs ; il excita les rires des uns et des autres, mais il ne put empêcher le livre du savant docteur d'arriver bientôt à sa douzième édition.

Tant de renommée lui créa des ennemis, et quand l'infaillibilité du souverain Pontife était encore en discussion, il prit une telle couleur en faveur de ce dogme, aujourd'hui si heureusement proclamé, qu'il trouva parmi ses collègues et contradicteurs, surtout parmi les laïques, des ennemis irréconciliables. L'an dernier, on ne lui pardonnait pas encore d'avoir eu raison, et il en eut de véritables chagrins. D'un autre côté, le vent de la persécution prussienne soufflant toujours, il ne songea plus qu'à quitter l'académie de Munster. Un autre motif déterminant, c'est la perte de toute sa fortune, qu'un habile escroc vint lui ravir par une singulière fourberie. Rohling jouissait d'une telle considération auprès de son évêque, de la noblesse et de la population de Munster, que l'on s'offrit à réparer toutes ses pertes : il refusa tout.

Sur ces entrefaites, arrivent jusqu'à lui les merveilleuses manifestations de Fontet. Les études qu'il a faites sur Louise Lateau, la connaissance qu'il a de la célèbre stigmatisée de Dulmen, Catherine Emmerich, du diocèse même de Munster, lui permirent d'apprécier la nature de ces manifestations, et il ne balança pas de demander à la pauvre Berguille son intervention auprès de l'Apparition céleste. En effet, il lui écrivait le 2 avril 1874 :

« Ma chère sœur en Jésus-Christ, comme la Sainte Vierge daigne donner par votre médiation des conseils pour des cas difficiles, je vous dis en pleine confiance que je me trouve dans des embarras bien grands. Veuillez donc avoir la bonté de prier notre Mère céleste qu'elle daigne vous dire ce qu'il faut que je fasse. » Il continue en priant Berguille d'insister auprès de l'Apparition pour qu'elle lui trace une règle de conduite, déclarant qu'il est prêt à tout, et même à venir passer quelques jours à Fontet, s'il est expédient pour cette conjoncture.

On voit que le docteur Rohling agissait en théologien prudent. Il ne fait pas connaître la nature de ses embarras ni celle des conseils qu'il réclame. Si Berguille est inspirée, l'Apparition les lui fera connaître. Dans la crainte d'être indiscret, je n'ai pas demandé à l'extatique quelle fut sa réponse. Ce que je sais, c'est que le savant docteur en fut satisfait, et qu'il partit quelques jours après pour l'Amérique septentrionale, où il avait un frère, novice dans un couvent. Il alla lui-même se fixer à Saint-Francis, dans le Wisconsin, l'un des Etats-Unis, confinant aux lacs Supérieur et Michigan. Comme à Munster, il occupa à Saint-Francis une chaire de théologie au séminaire de cette ville.

Avant de partir de Munster, il reçut une lettre d'un solitaire très connu, du nom de David Lazzaretti, l'invitant à venir partager avec lui sa vie érémitique. Là il serait à l'abri des tourbillons du monde, et pourrait à loisir terminer ses commentaires sur nos Livres saints. Cette idée lui sourit et le poursuivit jusqu'en Amérique. L'ermitage de Lazzaretti était toujours devant ses yeux ; il ne pouvait en détacher son cœur. Il écrit une seconde lettre à l'extatique de Fontet, et après l'avoir remerciée de sa première réponse, il continue par une tournure allemande

que je me garderai bien de supprimer : « J'ose
à joindre les demandes qui suivent : d'abord
une question de vocation. Vous connaissez sans
doute le grand serviteur de Dieu, David Lazzaretti. Eh bien, il m'invita de venir chez lui pour
la vie des ermites. Ayez donc la bonté de parler
à la Sainte Vierge sur ce sujet. » Si telle est la
volonté de Dieu, il ne balancera pas de suivre
cette vocation. En même temps, il demande une
protection pour son frère qu'il chérit tendrement,
et qui se prépare au sacerdoce dans le monas-
tère Franciscain de Saint-Louis, « afin que nous
puissions nous dire adieu sous la promesse sou-
lageante de la Sainte Vierge, qu'elle nous veut
procurer un heureux revoir dans l'éternité......
Enfin vous me rendrez un service si vous pouvez me donner l'adresse du R. P. de Bray, ce
grand restaurateur du culte de Notre-Dme des
Anges. Si je viens en France, je voudrais avoir
le bonheur de parler avec vous comme au R. P.
de Bray. »

Cette lettre portait la date du 15 avril 1875,
et ce fut dans l'extase du 7 mai suivant que le
divin Sauveur répondit lui-même aux deux questions du saint prêtre et savant professeur.

Rohling ne faillit pas à une vocation si mira-
culeusent manifestée, et il eut l'insigne bonheur
d'apprendre que c'était dans son extase même
que Berguille l'avait annoncée par ces paroles qui
ne disent rien à ceux qui n'en connaissent pas la
portée, mais qui empruntent une si grande valeur aux circonstances que je viens de faire con-

naître : « Qu'il fasse ce sacrifice dans l'ermitage. »

C'est le 13 mai que la réponse lui fut transmise avec quelques images bénites par la Vierge de Fontet. Le docteur Rohling en fut doublement heureux, et ce bonheur, il l'exprima par une lettre du 21 juin, annonçant qu'il partait pour l'Europe, par la voie de New-York à Bordeaux, dans l'espérance de venir faire une visite à Fontet.

Il y arriva le 29 août, mais il n'en repartit pas sans de cruelles déceptions, qui furent pour lui une bien rude épreuve. Il se rendait à Rome, et tous ses jours étaient comptés. Il ne pouvait séjourner à Fontet, et Berguille était absente, et les Frères de l'Instruction chrétienne, qu'il avait aussi projeté de voir, étaient partis en vacances. On présume qu'il fut assez mal renseigné par les personnes qu'il put voir ; mais il était trop versé dans les études du surnaturel pour se laisser entraîner par ceux qui le combattent dans la question de Fontet. Dieu fut-il satisfait de son sacrifice intentionnel, et le réservait-il à d'autres destinées? nous le saurons bientôt. Toujours est-il qu'il est question du docteur Rohling pour professer dans une des nouvelles universités catholiques de France.

Venons maintenant au cœur même de la Prusse, à Charlottenbourg, le Saint-Cloud de Berlin, le Saint-Cyr de la cour. C'est de l'institut de l'impératrice Augusta que sont datées un grand nombre de lettres adressées à Berguille ou à son intermédiaire. Les premières

4

ont un cachet tout particulier. Elles sont fort courtes, mais remplies de recommandations. En les parcourant, on est frappé de voir avec quel respect, quelle confiance on accueillait sur les bords de la Sprée les glorieuses manifestations de Fontet. Berguille ne sachant pas écrire, Mlle Delphine, de l'Institut de l'impératrice, eut recours à un correspondant qui voulut bien servir d'intermédiaire, et que j'espère pouvoir faire connaître plus tard. Voici quelques passages de ces lettres :

« Monsieur, je désirerais faire présenter à la Très-Sainte Vierge les demandes de plusieurs religieuses, d'une protestante et les miennes. J'ai pensé, Monsieur, que vous ne refuseriez pas d'être notre interprète auprès de Berguille, l'heureuse stigmatisée de Fontet. Prenez-nous en pitié, Monsieur ; nous vous en aurons une reconnaissance éternelle. » (25 août 1874.)

Deux jours après, ayant jeté un regard attristé sur l'avenir de la France et de l'Europe, elle renouvelle ses instances auprès de son intermédiaire, et s'excuse par cette exclamation partie du fond de son âme : « Les temps sont si difficiles et l'avenir si sombre ! un mot de notre miséricordieuse mère encourage et fortie pour le reste de nos jours. Pour ma part, j'ai été miraculeusement conduite à Fontet, et je ne puis détacher mon cœur et ma pensée de cette chaumière privilégiée, où j'ai senti si fortement la présence de la Reine du ciel. Oh ! qu'il faisait bon sous ce maternel regard ! Après le jour de ma première communion, je n'ai pas eu des jours plus heureux dans ma vie : ils parfumeront délicieusement ceux qui me restent à passer ici bas. »

Le 10 septembre, elle écrit une troisième lettre. On y lit : « J'ai écrit au Père de Bray pour lui exprimer mes respectueuses et sympathiques condoléances, car on le foule aux pieds. Je l'ai connu à Paris. C'était un saint religieux. Les épreuves ont dû fortifier cette sainteté déjà si remarquable.... Il faut plaindre les âmes faibles, si nombreuses à notre époque, que ces tristes discussions passionnées vont éloigner de la croyance au surnaturel. Les choses avancent pourtant. Dieu va d'un souffle disperser ces fourmis importunes, et faire éclater une fois de plus les miséricordieuses bontés de Marie immaculée, de Notre-Dame de Fontet. »

Connaissant la part que je prenais à l'histoire de Fontet, cet intermédiaire m'engagea à entrer en correspondance avec cette noble institutrice. Sa plume élégante et facile, son âme fortement trempée, son zèle, poussé peut-être un peu trop loin quelquefois, mais n'ayant en vue que la gloire de Dieu, et ne calculant jamais avec son intérêt personnel, tout me portait à me rendre à cette invitation. Je ne tardai pas à en remercier Dieu, et j'espère qu'un jour il me sera donné de puiser dans ce trésor si riche pour l'histoire de Fontet. Aujourd'hui je dois me borner à ces communications, et j'attendrai que la lumière resplendisse enfin sur la question si vivement

débattue. Trop heureux si je puis me flatter d'y
avoir contribué pour ma part, quelque faible
soit-elle !

Mademoiselle Delphine s'était rencontrée à
Fontet, le 15 août 1874, avec mademoiselle Ribeault, de Rennes. L'une et l'autre avaient été
fortement impressionnées de la ravissante manifestation dont elles furent témoins. Comme
l'institutrice de Charlottenbourg, mademoiselle
Ribeault entra en correspondance avec Berguille,
et raconta les merveilles de ses extases. D'une
piété remarquable, elle voyait assez souvent une
religieuse très-avancée dans la vie intérieure et
mystique. Celle-ci écoutait les récits de cette
demoiselle avec une religieuse attention, mais
non sans lui faire de temps en temps des observations fort sages. Connaissant les ruses du
démon, elle voulut s'assurer si Berguille n'en
serait pas illusionnée. Qu'elle demande, dit-elle
à son amie, qu'elle demande à l'Apparition de
faire un signe de croix et un acte d'amour de
Dieu : le démon ne peut pas aller jusque-là.

Mademoiselle Ribeault écrit à Berguille le conseil que lui donne sa confidente. L'humble paysanne en est frappée, et s'étonne de n'avoir pas
eu la même pensée, car il ne manque pas dans
la contrée de personnes prétendant que tout ce
qui se passe à Fontet est l'œuvre de l'esprit malin. A la première extase qui eut lieu le 22 janvier dernier, l'extatique, dont la droiture et la
simplicité sont si connues, ne craint pas de bles-
ser l'Apparition par une demande indiscrète,

qui semblerait dictée par un sentiment de défiance. Aussi, bien moins pour rassurer son humble servante que pour l'édification des croyants,
l'affermissement des tièdes et la conversion des
incrédules de bonne foi, la céleste Apparition
s'étant signée, la Vierge s'agenouille au pied de
la croix que le divin Rédempteur lui présente,
et récite cette prière que Berguille a souvent
répétée durant ses sxtases, et qu'on a soigneuse-
ment recueillie :

« O croix adorable de mon sauveur ! je te sa-
lue avec respect et amour, parce que tu mérites
le respect du ciel et de la terre. Que ta dignité
est peu connue ! C'est le lien qui tient Dieu attaché à l'âme, et l'âme à attachée Dieu ; c'est le
port du salut, l'espoir et la confiance des âmes
humbles, qui ont à cœur d'être méprisées et hu-
miliées, parce que vous, ô mon Dieu ! vous avez
choisi l'humiliation et le mépris ; vous avez été
disposé à souffrir toutes sortes d'affronts et d'injures pour les péchés des hommes et le salut
des âmes.

« O mon adorable Jésus ! j'embrasse votre
croix, et je la presse contre mon cœur. Que votre sainte et adorable volonté soit faite sur la
terre comme au ciel ! Ainsi soit-il »

Le démon serait-il capable d'imaginer et de
faire une semblable prière ? Quelques-uns pourront dire oui. Pour ma part, je dis formellement
non, parce qu'il me semble qu'elle répugne es-
sentiellement à sa nature. Sans doute, je n'ex-
prime ici qu'une opinion personnelle. Mais si je

me trompe, si le démon peut faire tout ce que j'ai raconté *de visu* et *de auditu*, tout ce que j'ai si profondément senti, il est peu de miracles qui puissent tenir debout. Et si, dès l'origine de la Salette et de Lourdes, on eût prêté l'oreille à des arguments de cette force, Lourdes et la Salette n'auraient jamais connu leurs splendeurs, et l'on n'y verrait pas accourir ces magnifiques pélerinages qui remuént le monde.

VII

Prodiges dans les airs.

Combien de fois Berguille n'a-t-elle pas annoncé qu'il y aurait des prodiges à Fontet? La Vierge elle-même lui dit, dans son apparition du 11 septembre 1873 : « On ne veut pas croire en moi. Quelques-uns disent même que c'est le démon qui apparaît. J'ai pourtant fait déjà des miracles pour prouver que je suis la Vierge immaculée. J'apparaîtrai encore, et je ferai de nouveaux miracles. »

L'année suivante, à la manifestation du 30 octobre, dont j'eus le bonheur d'être témoin, la divine Vierge ayant répété qu'elle voulait être honorée à Fontet, l'extatique ne craignit pas de lui rappeler la promesse du 11 septembre, et lui dit : « Eh ma bonne Mère, faites donc un miracle qui puisse convaincre tout le monde. »

Berguille demandait trop. Pour convaincre
tout le monde, il faudra des coups de tonnerre,
et ces coups de tonnerre, il n'est pas sûr qu'on
ne soit pas contraint de les interpréter. Toutefois la Vierge ne se lasse pas. Elle intercède toujours auprès de son divin fils, et les phénomènes les plus éclatants resplendissent sur la chaumière de l'humble paysanne. La Voyante le savait et elle n'en parlait pas, sinon dans des confidences intimes. Elle savait qu'un grand nombre de personnes les avaient aperçus : l'Apparition le lui avait révélé. Elle savait aussi que les
uns, par crainte des railleries, les autres, par
des motifs hostiles, gardaient un silence absolu,
mais que ce silence finirait par être rompu.

Quelques témoignages commencent à se faire
jour, et quand je me rendis à Fontet vers la fin
du mois d'octobre dernier, j'appris que plusieurs témoins de ces phénomènes ne craignaient
plus de parler. Parmi ces témoins, j'interrogeai
seulement ceux qui étaient les plus opposés, ou
au moins indifférents aux manifestations. On
m'en indiqua d'autres d'un zèle bien connu, honnêtes et pieux. Leur témoignage aurait pu me
servir personnellement, mais pour le bien de la
cause, je ne jugeai pas à propos de les entendre.

Les premiers que j'interrogeai étaient François Monestier et son épouse, et leur vieille tante,
veuve Peyré, demeurant ensemble près de la
ferme privilégiée. Mon premier soin fut de leur
demander leur opinion sur Berguille et ses vi-

sions. Ils éprouvèrent quelque embarras ; ils craignaient de m'offenser. Ne craignez pas, leur dis-je, dites-moi bien la vérité. Ils m'avouèrent qu'avant le premier de l'an ils se tenaient sur la réserve, mais qu'après ils ne croyaient plus rien, et qu'au moment où ils me parlaient, ils ne croyaient pas d'avantage. — « Vous êtes parfaitement libres. On dit cependant que vous avez aperçu quelque chose sur la maison de Berguille. — Pour cela, c'est bien vrai. — Vous êtes restez longtemps sans le dire. — Ah ! monsieur, si vous saviez comme on ce moque de ceux qui parlent de ces choses ! — Néanmoins cela ne vous a pas convertis. — Que voulez-vous, monsieur, c'était bien beau, bien extraordinaire, mais rien de ce qu'avait annoncé Berguille ne s'est accompli. » C'est le maître de la maison qui parlait. J'étais évidemment en présence d'un homme dont le témoignage m'était d'autant plus précieux qu'il était lui-même devenu très-opposé aux manifestations de la ferme. Son épouse partageait absolument la même manière de voir. Je leur fis donc raconter ce qu'ils avaient vu, et ce qu'ils pouvaient savoir.

Ils me dirent d'abord que leur oncle, François Peyré, mort depuis un peu plus d'un an, avait aperçu, la nuit de Noël 1873, une grande clarté sur la maison de Berguille ; qu'il en avait souvent parlé à sa famille, mais qu'il n'avait jamais voulu qu'on en parlât au dehors. François Peyré avait toujours été un des plus grands opposants aux manifestations. Ce qu'il faut remarquer, c'est que, cette même nuit, une ravissante apparition avait lieu dans la pauvre chaumière. Berguille en extase était en présence de la Sainte Famille ; elle voyait le tableau vivant de la naissance du Sauveur. L'extatique était alors plongée dans une lumière resplandissante, ainsi que le racontait quelques jours après M. de Portets, l'historien des merveilleuses apparitions. Mais ce qu'il ne savait pas, ce qui était resté si longtemps ignoré, c'est que la clarté mystérieuse avait brillé au-dessus de la ferme, comme l'étoile qui conduisait les rois de l'Orient, et s'arrêtait sur l'étable de Bethléhem.

Le jeudi, 12 août 1875, entre neuf et dix heures du soir, la veuve Peyré était sur la porte de sa maison, quand elle vit celle de Berguille illuminée par une clarté brillante. Son neveu et son épouse dormaient alors profondément; elle court les réveiller et les avertit du prodige. Ils se lèvent à la hâte, courent au dehors, et voient, non plus une clarté, mais une flamme considérable, s'élevant au-dessus de la ferme. Au milieu de cette flamme éblouissante et rougeâtre s'agite une lumière blanche qui, à un moment donné, s'élance vers la maison Martineau et revient immédiatement prendre sa place et se balancer au milieu de la grande flamme.

M. Sylva, de la Réole, froid pour la question de Fontet, m'assura, de son côté, que plusieurs fois, lui et ses amis avaient aperçu des globes lumineux du côté de Lasserre. Il me dit particulièrement qu'un soir du mois de juin, se trouvant avec un employé des droits réunis sur la promenade des Justices, ils aperçurent, toujours dans la direction de Lasserre, deux lumières éclatantes, l'une blanche, l'autre rouge: Elles ne ressemblaient en rien aux lumières ordinaires, ni aux étoiles du firmament. Elles étaient très rapprochées et se balançaient simultanément. M. Sylva en était assez frappé, mais l'employé des droits réunis ne croyant pas plus aux prodiges qu'aux apparitions de Fontet, « c'est sans doute, dit-il, quelque chimiste qui se livre à des expériences chez M. Sarrasin. »

M. Sarrasin est un excellent homme, et ceux qui le connaissent savent très bien qu'il n'est pas de nature à passer son temps à des expériences de ce genre, et surtout à permettre qu'on fasse chez lui de la chimie pour autoriser les manifestations de sa ferme. « La lumière rouge, continue M. Sylva, disparut la première. La lumière blanche s'évanouit bientôt après, projetant un éclat éblouissant, dont les reflets éclairèrent les arbres et tous les objets du voisinage. »

Malgré l'obscurité, l'employé avait parfaitement reconnu la direction et la position du prodige ; je dirais simplement du météore, si ce n'était qu'une fois. Mais ces phénomènes plusieurs fois répétés, et toujours sur la maison de Berguille, ne sont-ils pas une preuve certaine du surnaturel dont ils émanent ? Est-il possible de ne pas y voir l'accomplissement des promes-

ses faites par la divine Vierge dès le onze septembre 1873 ? « J'apparaîtrai encore, et je ferai
de nouveaux miracles. »

Quoique plus favorable, ou moins hostile aux
apparitions de Fontet, M. Sylva voulut s'assurer de la vraie direction du phénomène. Avec sa
clef, il traça fortement sur la banquette de la
promenade une ligne dont la lumière mystérieuse servit de jalon. Le lendemain, il se hâta
d'aller contrôler la direction de sa ligne. Son
prolongement aboutissait directement à l'humble chaumière de l'extatique.

Ce que je viens de raconter frappera certainement les esprits sérieux qui n'ont pas de parti
pris. Ce n'est pourtant que le prélude, l'avant-
coureur du grand phénomène dont il me reste à
parler.

Le premier jour de la grande extase où j'é-
prouvais tant de consolations, l'extatique aperçut dans le ciel une colonne de rayons lumineux,
et dans un ravissement qu'elle eût vers six heures et demie du soir, elle poussa vers Dieu une
de ces ardentes supplications qui lui sont si fa-
milières ; mais celle-ci avait un but plus déter-
miné : « Oh ! ce cœur, mon Dieu, si embrasé
d'amour !... Oh ! ces rayons de gloire ! Oh !
oui, mon Dieu, laissez-les tomber sur nous, ces
rayons, je vous en supplie... O mon Dieu ! ayez
donc pitié de cette pauvre France... Le chef surtout, ne le laissez pas périr.

Voilà donc Berguille, plongée dans le ravissement de l'extase, demandant à Dieu de faire

descendre du ciel cette colonne de rayons lumineux qui puisse éclairer la France et celui qui
la gouverne. Commencée le vendredi 21 mai,
cette extase ne finit que le mardi suivant. La
nuit de ce même jour, Berguille eut une courte
apparition, mais elle fut d'un éclat sans pareil.
Elle aperçut descendant du ciel la colonne de
rayons lumineux environnée d'anges, et ces
anges voltigeaient autour de la colonne. En
même temps, elle distingua parfaitement ces
paroles que la divine Vierge lui adressa : « Ce
sont les bergers qui ont été les premiers appe-
lés auprès du berceau de mon fils. » Ces paroles
mystérieuses, elle ne les comprit que bientôt
après, en apprenant qu'un berger du voisinage
avait été favorisé de cette magnifique vision.

Ce berger, du nom de S.erlin, habite la maison de Banon, au-dessous de Fontet. Il est possesseur d'un troupeau, et vit très modestement
de ce revenu. Après quelque hésitation, et bra-
vant toutes les moqueries, toutes les colères des
libres-penseurs, il se décida fermement à publier
ce qu'il avait vu.

Le 22 octobre, l'ayant prié de me raconter
sa vision, il le fit avec calme, mais avec une
conviction qu'il faisait aisément partager. Il
m'apprit que dans la nuit du 25 au 26 mai, il
faisait paître son troupeau sur les bords de la
route de la Réole à Meilhan, près de Lasserre,
quand un peu avant minuit, il se trouve subi-
tement ébloui par un éclat qui le jette dans un
saisissement profond. Il lève la tête, et il aper-

çoit sur la maison de Berguille, qu'il reconnaît
très-bien, une colonne lumineuse extrêmement
brillante, parsemée comme d'étoiles de diverses
couleurs, et s'élevant jusqu'au ciel. Voulant en
faire part aux habitants de la maison voisine, il
y dirige ses pas ; mais au moment d'arriver, il
voit disparaître le phénomène. Il continue son
chemin ; la colonne reparaît. Il court pour aver-
tir un autre berger de ses amis, demeurant au
hameau de Lasserre ; mais sur le point d'arriver,
il voit la colonne mystérieuse disparaître pour
la seconde fois, et reparaître aussitôt qu'il a repris sa marche.

Il n'en peut plus douter ; il ne doit pas communiquer encore sa vision, et il retourne directement à sa bergerie, pour prendre son repas
de nuit. Le temps était beau, la colonne magnifique, et il prend devant sa porte son repas frugal, repaissant ses yeux beaucoup plus que son
corps : il ne pouvait les détacher de la colonne
mystérieuse.

La lassitude finit par triompher de son ar-
deur. Il était deux heures du matin, et il sentit
le besoin d'aller prendre un peu de repos, laissant le phénomène dans toute sa splendeur. Il
ne peut s'imaginer avoir été seul à le contempler. A son lever, il court chez sa sœur, au village de Fontet, et s'étonne de ne pas entendre
un seul mot de cette éclatante merveille. Il y
revient une seconde fois, même silence. Durant
trois jours il dévore son secret, vivement par-
tagé par le désir de le faire connaître, et par la

crainte des railleries. Enfin le troisième jour, il commence à raconter le prodige, et la nouvelle s'en répand comme un éclair dans la contrée. Quelques-uns en sont frappés : ils connaissent la sincérité et la droiture du pâtre : Sterlin est incapable de tromper, et de se laisser entraîner par des visions imaginaires. D'autres s'irritent et vont jusqu'à le menacer, s'il se permet de faire paître son troupeau dans leur propriété.

Cependant Berguille, dans l'extase du vendredi suivant, confirme la vision de la colonne lumineuse : laissons-là parler.

« Oh ! c'est ce plan que vous leur avez montré. Oui, ce sera cette basilique de Notre-Dame des anges (elle avait présenté ce plan à l'Apparition dans l'extase du 15 mai). C'est de là que sont partis ces rayons, ô mon Dieu ! oui, montrez-les à tous, je vous en supplie. »

Survient la nuit du 14 au 15 août. Berguille a encore une extase très-courte, dans laquelle elle voit se dresser devant ses yeux cette magnifique basilique, remplie d'une lumière éblouissante, et au-dessus de la basilique, la même colonne lumineuse, se perdant dans les splendeurs du ciel. C'était vers onze heures et demie du soir.

A ce moment, l'heureux berger faisait paître son troupeau dans la propriété de M. le comte de Marcellus, tout près du canal, presque en face de la mystérieuse chaumière. Sur cette chaumière qu'habite la Voyante, il voit pour la seconde fois le même phénomène, avec cette différence que la première nuit, il lui paraissait rouge et bleu, et que, cette fois, la couleur d'azur dominait seule. Ce qui lui paraissait comme des étoiles de diverses couleurs, mais qu'il ne savait pas encore définir, tant ses yeux en étaient éblouis, n'était autre chose que ces miliers d'anges que Berguille, dans son ravissement, voyait voltiger autour de la colonne.

Et maintenant, qu'ai-je besoin de tirer des conclusions de tous ces prodiges? N'ai-je pas assez fait connaître mon sentiment? — Jusques à quand fermerons-nous les yeux à cette lumière descendue du ciel? Mépriserons-nous toujours ces avertissements que Dieu nous envoie dans sa miséricorde? Mais alors, craignons d'entendre retentir à nos oreilles ces terribles menaces que l'Aigle de Pathmos réservait à l'Ange d'Ephèse : *movebo candelabrum tuum de loco suo.* Cette lumière qui devait éclairer la France et la sauver, je la porterai dans des régions étrangères, encore assises à l'ombre de la mort.

Mais non, il n'en sera pas ainsi ; la Vierge aime trop la France, et quand celle-ci court à sa perte, elle s'obstine à la sauver. Elle fera d'autres miracles s'il le faut, et des miracles encore plus éclatants. Hâtons cette heure par notre foi et par nos repentirs. Que bientôt les pierres s'agitent sur le superbe côteau que domine la chaumière de la Voyante, et que la basilique, si souvent annoncée, s'élève enfin sous l'auguste patronage de Notre-Dame des Anges !

TABLE DES MATIÈRES

—

AGEN — IMPRIMERIE S. DEMEAUX, PLACE PAULIN

www.ingramcontent.com/pod-product-compliance
Lightning Source LLC
Chambersburg PA
CBHW060602100426
42744CB00008B/1280